案例研习学
研究与实践

姜丽萍 / 曹 兴 · 著

时事出版社

北京市双一流学科建设经费资助

2019年中央高校教育教学改革专项资金建设项目资助

国家社科基金专项课题《构建人类命运共同体基础理论研究》（18VSJ002）资助

中国政法大学科研创新项目（19ZFG81001）资助

目录
contents

导 论 案例研习学的探索 / 1

第一章 中国法学教育历史回顾 / 4
 第一节 中华人民共和国成立前的法学教育 / 5
 第二节 中华人民共和国成立后的法学教育 / 8
 第三节 法学教育的发展趋势 / 12
 第四节 法学教育存在的问题 / 15
 第五节 法学教育的完善 / 20

第二章 案例研习教育的兴起 / 26
 第一节 案例研习:新时代的需要 / 26
 第二节 案例研习:一种教学方法、研究方法论 / 31
 第三节 案例研习:法律教学参考 / 34
 第四节 案例研习:律师的一种业务 / 36

第三章 继承纠纷 / 42
 第一节 母女争产 / 42

第二节　案例事实的证明　/　44

第三节　案例裁判理由与裁判结果　/　50

第四节　让死者难以瞑目的一场诉讼　/　52

第五节　司法鉴定的昨日与今朝　/　58

第四章　财产损害赔偿纠纷　/　63

第一节　弟兄间的纠纷　/　64

第二节　案例事实的证明　/　66

第三节　案例裁判理由与裁判结果　/　68

第四节　缺失因果关系和过错的"侵权责任"　/　69

第四节　研习案例证明责任的理论与实践　/　73

第五节　本研习案例给予我们的启示　/　82

第五章　股权纠纷　/　84

第一节　同学共同创业起纷争　/　84

第二节　股权争议之公司决议效力确认纠纷案　/　87

第三节　股权争议之财产损害赔偿纠纷　/　94

第四节　本研习案例给予我们的启示　/　105

第六章　合同纠纷　/　108

第一节　本研习案例之法院裁判　/　109

第二节　诚实信用原则的适用　/　119

第三节　可得利益损失的裁量　/　122

第四节　多元化纠纷解决机制　/　126

第五节　本研习案例给予我们的启示　/　130

第七章　案例研习之代理词精粹 / 132
第一节　农药产品责任纠纷案件代理词 / 134
第二节　行政不作为案件代理词 / 147

第八章　法律职业伦理教育 / 153
第一节　人类伦理大厦 / 153
第二节　法律伦理是可教的吗 / 159
第三节　法官检察官伦理 / 161
第四节　律师伦理 / 165

第九章　中国法治新时代 / 177
第一节　法治新时代 / 177
第二节　构建人类命运共同体的思想体系渊源及实践 / 179
第三节　从天下主义、世界主义走向人类命运共同体 / 191
第四节　全球法治何以成为可能 / 197

参考文献 / 216

后记　多研究，缓称学 / 227

导 论

案例研习学的探索

"案例研习"与"案例研习学"有本质的不同，前者是一种活动，后者是一门学问。迄今为止，世界上还没有一本关于《案例研习学》研究的学术专著问世。本书似乎是个创新，但并不以创建一门新学科为使命，而是对中国法学界"案例研习"研究及其实践进行某种总结，尚未达到创学的高度。如果说是为了创建一门新的学问，那么最初的研究也只能是个初步的探索，应该注明《案例研习学导论》的字样。很显然，本书的规格和档次要低于《案例研习学导论》，因此只能命名为《案例研习学研究与实践》。这是对本书的特别解释。

一门新学科远比新学问的产生要晚得多。学科固然是学问，但学问并不限于学科。学科是高位阶的学问，或者说学问研究达到很高程度时才会诞生学科，才会把学问提升到学科的地步。因此，本书所称"案例研习学"中的"学"的内涵采用的是广义"学问"的内涵，尚够不上"学科"的高度。因此，本书开篇要说，"案例研习学"是一个内涵异常丰富、不断拓展的学问，达到成熟后才会演绎为一门学科。学科是相关学问发展的最高位阶，将经历复杂的发展过程，这个过程不仅是一个学术理论探讨的过程，而是一个实践、理论、再实践、再理论的不断反复的过程，是促使对法的适用、法的理解及法律实施不断走向深入的过程。为此，本书首次以"案例研习学"冠名，并以案例研习教学方法论、案例研习实践、法官律师和学者研习案例现象为研究对象。这是一门新兴的学问。

何为"案例研习学"？它的内涵随着时代的变迁而变化，是一个不断激发、不断演绎的过程：首先，案例研习最早是法学老师在大学课堂上经常运用的一种教学方法和教学实践，最初只是案例研习教学的一种教学实践。学生厌烦了传统的法学理论灌输式教学方法，希望在课堂上能够接受到经世致用的法学知识。其次，它是在案例研习教学的基础上形成的案例研习的学科或课程。再次，案例研习是一种研究法学、学习和理解法律适用的方法。此外，由于法学教学深入案例研习的研究中，促使案例研习研究的逐渐完善，进而派生出一门新的学问，案例研习由此成为一门新兴的学问。最后，从律师视角来看，案例研习还是律师的一种重要职业业务。律师事务所为了更好地从事法律服务，遇到重大、疑难案件时，会组织若干个律师对案情进行分析，因而不得不进行案例研习的活动。大的律师事务所或律师行会为了指导律师提高业务水平，也会组织一些案例研习的学习或进行疑难案件的研讨。总之，案例研习学就是案例研究法、案例教学法、案例教学、司法人员及律师研习案例、法学研究者对案例进行研究之学问的总称。

本书作者在 35 年教学经验的基础上，研究了大学案例研习研究与实践的现象，剖析了律师案例研习的内涵，不仅总结了案例研习教学的规律性，而且揭示了大量自己亲办案例的法理内涵，创作了本书，以期为中国悄然兴起的"案例研习学"贡献出一份微薄的力量。

　　本书主要由回顾总结以往案例研习的历史与现实、案例研习分析、理论提升三个部分构成。

　　本书的前两章在回顾、总结中国法学教育的基础上，深入分析了案例研习教育是如何兴起的。案例研习虽是法学教育体系中最新诞生的一门学问，但却是法学教育体系中重要的一环。因此，本书第一章首先回顾了中国法学教育的历史。第二章专门研究了案例研习内涵的拓展过程，探讨了案例研习如何从法学教学方法论演变为一门特殊的学问的过程。

　　本书第三章至第七章涉及都是作者亲手办理的案件，也是近年来发生的、鲜活的、富有生命力的案件。书中所有案件的判决都已在网上公开，但为了保护当事人的个人隐私，作者还是删除了相关信息。这是本书案例研习的精华，也是作者姜丽萍具体承办的实际案件，包括离婚纠纷、财产损害赔偿纠纷、产品责任纠纷、股权纠纷、行政案例研习等方面的内容。

　　最后两章是对案例研习的一种提升，是对法律伦理、新时代背景之法治精神的一种概括，包括法律职业与法律职业伦理教育以及习近平法治新时代两个方面。

第一章

中国法学教育历史回顾

法学教育是一种以培养法律人才为目的而进行的系统化的特殊法律教育。中国的法学教育历史悠久，积淀深厚，源远流长，"法学教育作为教育的重要组成部分，在古代就已产生，一直以来在社会生活中发挥着不可替代的作用"。[①] 中国法学教育经历了一个曲折而复杂的过程，大致包括古代发展阶段、清末时期的近代发展阶段、南京国民政府发展阶段、中华人民共和国发展阶段。

法律的发展水平是社会文明的一个根本标志，"公民"范畴则是法律文明的根本标志。在中国古代，只有"草民"的概念，没有公民的范畴；只有庶民、刁民、黎民、草民等说法，没有公民的说法。民国时期，中国的法律里也只有"国民"的概念。中华人民共和国成立后，中国的法律才第一次使用"公民"的概念。因此，为了说明问题的简明性，本书以中华人民共和国"公民"的产生为中轴，分析中国法律教育的两种不同特征。

---

① 杨庆：《法学教育的发展历程及其发展趋势的探索》，《法治与社会》2009 年第 10 期。

第一节　中华人民共和国成立前的法学教育

中国法的教育源远流长，据史籍记载，早在春秋时期，著名的讼师邓析就已开设私塾，传授法律知识。邓析（公元前545—前501年），河南新郑人，郑国大夫，春秋末期思想家，"名辨之学"的倡始人；是与子产同时代的人，名家学派的先驱人物。他是代表新兴地主阶级利益的革新派，也是第一个提出反对"礼治"思想的人，其思想倾向是"不法先王，不是礼义"。邓析对法的教育的贡献在于，他在那个时代就聚众讲学，向人们传授法律知识和诉讼方法，帮助别人诉讼。据《吕氏春秋》记载：邓析"与民之有讼者约，大狱一衣，小狱襦裤。民之献衣而学讼者不可胜数"。这相当于收取律师诉讼费。大家发现干这项工作收益不错，于是纷纷参加他的法律培训班。他擅长辩论，尽管有人称他"操两可之说，设无穷之词"，但广大民众仍十分敬佩他。

当时邓析传授法律知识属于"私人"行为，还不属于官方行为。而作为国家行为及国家兴办的法学教育则始于三国时期的魏明帝。魏明帝即位，卫觊上书"九章之律，自古所传，断定刑罪，其意微妙……请置律博士，转相教授"。[1] 不难发现，这时中国出现了专门负责研究律的部门及其官员，即"律博士"，形成比较正规的法学教育。诚然，那不过是古代意义的法学教育，并不普遍，其根本原因在于，在中国传统文化认知中，权大于法。

---

[1] 《三国志·魏·卫觊传》。

中国法律教育的实质性发展变化是从古代法律教育到近代法律教育。中国近代意义上的法学教育始于19世纪末的"清末修律"运动，其对中国法律发展史影响深远，打破了中国延续2000多年的诸法合体的法律体系，促进了清末法学教育的大发展。

20世纪初，直隶法政学堂成立，标志着中国第一所比较正规的法学院校诞生了。为了试办正规的法政学堂，以造就佐理新政的人才，袁世凯在保定创办了一所直隶法政学堂，并扩大招生名额，招收山东、山西、河南、陕西、安徽乃至东三省的学子入校学习，借以扩大其政治影响。这就是后来北洋法政专门学校的前身。

1905年，袁世凯在原藩署（布政使司）课吏馆的基础上建立了直隶法政学堂，校址设在天津西大街藩署西侧。1906年，袁世凯亲自为学堂拟订章程，规定该学堂以"改良直隶全省吏治，培养佐理新政人才"为宗旨，学制2年，招收45岁以下文理明通的本省候补人员，学额每年120人，分两班教授。1911年，直隶法政学堂更名为直隶（保定）法政专门学校。1914年，保定法政专门学校迁往天津。经历了清王朝、北洋政府和国民党统治之后，直到中华人民共和国成立初期，该校培养出大批法律、政治、经济、商学等方面的人才。在时间的巨轮不停前进的过程中，它曾六易校名——北洋法政专门学堂、北洋法政学堂、北洋法政专门学校、直隶公立法政专门学校、河北省立法政专门学校、河北省立法商学院，但人们仍习惯上称之为"天津法政"。天津河北区新开河上曾有一座"法政桥"，就是这一历史的见证。抗战胜利后，因抗日救亡而被强行解散的河北省立法商学院复校问题被提上了议事日程。但因种种原因，学校在1947年秋才艰难地组建起来。天津解放后，法商学院教师与其他院校一起在《天津日报》上发表声明，欢迎解放军，拥护共产党。

1909年3月，军管会通知学校：学院撤销，经济、商学两系同学一同转入南开大学。1909年，全国共设法政学堂47所，学生多达12282人，占当时全国学堂总数的37%和学生总数的32%。北洋政府时期，中国法学成为比较热门的专业，法科学生的数量无论是在全国大专院校的学生总数中，还是在综合性大学的总数中，所占的比例都是很高的，均占50%左右。①

中国法律教育走向成熟的时代是民国时期，也是法律教育的法制化时期。南京国民政府时代，我国将法学教育和法律职业联系起来，强化法律职业的资格考试。按照1933年《考试法》和1935年《法院组织法》的规定，司法官的考试被列为十三类高等考试之一。国民党政府直接控制法学教育，司法院有权审批法学院系，规定统一的必修课程，审定年度教育计划，颁发毕业证书。②

这种对法律教育的直接控制，使法学几乎成了"官学"，于是开始限制法学专业的招生人数，导致法学院系数量的下降。此外，教育机构调整和优化了法学专业的课程结构，模仿日本、欧美，逐步形成以"六法全书"为核心的课程体系，出现两种模式：一种是以朝阳大学、北京大学、武汉大学法学院为代表的以法律实务为重点的院系；另一种是以东吴大学、中央大学、湖南大学法学院为代表的以理论研究为重点的法学院系。③

---

① 戚桂芳、袁雪：《中国法学教育的历史、现状及发展趋势》，《经济研究导刊》2009年第21期。
② 戚桂芳、袁雪：《中国法学教育的历史、现状及发展趋势》，《经济研究导刊》2009年第21期。
③ 戚桂芳、袁雪：《中国法学教育的历史、现状及发展趋势》，《经济研究导刊》2009年第21期。

第二节　中华人民共和国成立后的法学教育

中华人民共和国成立后，法治建设①经历了曲折的发展过程。有的学者把这一时期划分为四个发展阶段，有的则划分为两个阶段。

四阶段说认为，中华人民共和国成立以后，法学教育经历了四个发展时期：第一阶段是搭建新中国法学教育的基本框架，为新中国社会主义的法学教育奠定良好基础的初创时期；第二阶段是由于反右派斗争扩大化、"文化大革命"，法学教育几乎陷入瘫痪状态的挫折时期；第三发展阶段是随着党的十一届三中全会召开、改革开放政策的确立以及对"文化大革命"的深刻反思，法学教育得以恢复和重建的恢复时期；第四发展阶段是最后阶段，由于确定依法治国、建设社会主义法治国家的宏伟目标，法学教育进入迅猛发展的改革时期。②

两发展阶段说认为中国的法制建设是从人治到法治的过程。有学者提出，"当代中国的法制建设经历了两个历史发展时期：从1949年到1978年的前29年；以及从1978年到2006年的后28年。前者分为法制初创、停滞不前和彻底破坏三个阶段。它的基本特征是实行社会主义的'人治'。后者为改革开放新时代的重要内容，它以1996年为界，经历了先期的理论准备和法治实践，以及后期的正式确立依法治国方略并进一步推进法治国家建设这样两个发展阶段。

---

① 也称法制建设。早期称谓法制建设比较多，改革开放后多用"法治建设"。
② 朱立恒：《新中国成立以来法学教育工作的历史沿革》，《中共党史研究》2008年第3期。

必须充分肯定邓小平的依法治国思想理论。从邓小平的整个思想体系看，他是主张法治、反对人治的。在后邓小平时代的领导集体中，在依法治国、建设社会主义法治国家的问题上，充分发展了邓小平理论。在法治实践上，在立法、执法、司法和法律监督以及法学教育、法制宣传等各个方面，都取得举世公认的成就与进步。"①

无论划分为几个发展阶段，中国的法律教育都经历了一种根本性的转变，即从旧法到新法的转变。中华人民共和国成立后，废除国民党"六法全书"和一切旧的法律，因此终结了旧的法学教育，代之以新的以马克思主义法学理论为指导的法学教育。新中国成立之初至改革开放之前，中国法学教育经历了异常曲折的过程。

中国共产党执政后，为了培养新型法律人才和培训在职司法干部，按照《关于废除国民党的六法全书与确定解放区的司法原则的指示》中关于转变法律思想观念、培养新型司法干部的基本精神，中共中央于1949年9月在北京成立中国政法大学（后来分别并入中国人民大学和中央政法干校），下设三部。第一部负责培训解放区县科级以上的司法干部，时间为4个月；第二部负责改造一批已经具有专科以上学历的旧司法人员、公安人员、知识分子，充实人民司法队伍，时间为8个月；第三部负责培训高中毕业的青年学生，时间为3年。

1950年1月，中央司法部以中国政法大学第一部为基础，成立了中央司法部司法干部轮训班，集中轮训在职司法干部。轮训班办完一期后，与中国新法学院合并。中国新法学院于1950年初由中共中央在北京创办，其基本任务就是对旧的司法工作人员、律师、法

---

① 李步云：《中国法治历史进程的回顾与展望》，《法学》2007年第9期。

律教师进行思想改造，学习时间为4个月到1年。

1951年7月，政务院第94次会议审议批准了《关于筹建中央政法干部学校的方案》，在中国新法学院的基础上成立了中央政法干部学校，负责训练正副县长、县法院正副院长、县检察院正副检察长、县公安局正副局长、县民政局正副局长。中国政法大学第一部、司法干部轮训班、中国新法学院全部并入中央政法干部学校。①

1952年，全国高等院校进行了院系调整，中央决定在部分大行政区单独设立政法学院培训政法干部，西南政法学院、北京政法学院和华东政法学院相继成立。经过1952年的院系调整，除四所政法学院外，只有中国人民大学、东北人民大学（吉林大学的前身）和武汉大学三所综合性大学设有法律系。1953年，中央决定成立中南政法学院。各校的具体任务是培养司法行政干部，担负在职干部的政治业务培训，开始招收一定数量的本科生，集干部学校和普通高校于一体。

1954年，由高等教育部主持召开的全国政法教育会议决定恢复北京大学和复旦大学的法律系，并建立西北大学法律系、政法院系，形成四院六系的格局。

至此，中国高等法学教育的体系基本形成。

20世纪50年代后期，随着"整风运动"的深入，中共中央对当时阶级斗争形势估计得过于严重，反右斗争被严重扩大化。在极左思想的影响下，法学教育的发展受到极大影响，许多学术问题被错误地当作政治问题来对待，法学招生人数也逐年下降，专业教学内容逐渐被政治理论代替。据1965年统计，全国四所政法院校的学

---

① 朱立恒：《新中国成立以来法学教育工作的历史沿革》，《中共党史研究》2008年第3期。

生只占全国学生总人数的1%。在"文化大革命"之际，中国的法学教育更是遭到灭顶之灾，几乎所有的政法院校均被停办和解散，教师队伍所剩无几。这个阶段的法学教育受到意识形态的控制，20世纪50年代法律虚无主义开始兴起，政策教育逐渐代替了法学教育，"文革"期间法律虚无主义更是达到顶峰。当时，法学教育被狭隘地理解为无产阶级专政的工具，法律职业不被看作一个独立的专业，而成为为无产阶级专政服务的工具。

中国改革开放后，依法治国的基本方略从无到有，从理想逐步走向现实。1978年12月13日邓小平在中央工作会议上提出，要"做到有法可依，有法必依，执法必严，违法必究"。这个法治思想被写入1978年12月22日通过的中共十一届三中全会公报中，首次在中国确立了法制的思想理念。1997年9月，江泽民在党的十五大报告中阐述了"依法治国"的思想，将"依法治国"确立为治国的基本方略，将"建设社会主义法治国家"确定为社会主义现代化的重要目标，提出建设中国特色社会主义法律体系的重大任务。1999年3月，九届全国人大二次会议将依法治国、建设社会主义法治国家正式载入宪法。几十年来，中国的法治建设已取得巨大的成绩，民主法治、自由平等、公平正义理念逐步深入人心，具有中国特色的社会主义法律体系正在形成并日益完善。

改革开放后，很多高校创办了法学专业。20世纪90年代以来，国家重视法治建设，中国开启了社会主义市场经济体制的发展，急需确立依法治国的政策，由此中国法学教育获得大幅度发展。

恢复高考后，中国法学教育得到较好恢复，并得到长足发展。1977年，包括法学教育在内的高等教育恢复招生。1978年，政法学院、系开始招生，此后法学专业招生人数逐年上涨。中共中央在十四大上确定了依法治国的基本国策，促使法学教育飞速发展。30 年间，开设法律专业的院校翻了 200 倍。2006 年 4 月底，中国现有法学本科专业的高等院校已经达到 600 余所，法学专业在校的本科生和研究生近 30 万人，其中本科生为 20 万人，法律硕士专业学位研究生 2 万多人，法学硕士①研究生 6 万多人，法学博士研究生 6000 多人。② 各类财经、理工、民族、师范、农林等院校也纷纷设立法律专业。③ "在我国新一轮法学教育改革中，法律职业伦理课程被提到前所未有的高度，甚至已被教育部列为法学 18 门 A 类必修课之一。新中国成立以来的 70 年特别是近 40 年，是法学教育传入中国以来，法学界对法律职业伦理教育关注最多的时期。这主要表现在，法律职业伦理教育活动越来越多，法律职业伦理教育研究涉及面越来越广，成果越来越丰富，研究队伍也越来越壮大。"④

第三节　法学教育的发展趋势

经济基础决定上层建筑。法律、法学及法学教育属于上层建筑的范畴，它们都随着中国经济的发展而发展、变化而变化。1992 年确定了中国社会主义市场经济之后，关于社会主义市场经济的法律及其教育的工作迅猛发展。30 多年过去了，社会主义市场经济的法

---

① 我国法律研究生阶段教育包括法学硕士和法律硕士两种。前者要求本科阶段必须是法律专业；后者则不同，可以是其他专业，即非法律专业。两者还有其他很多区别，在此不一一列举。
② 付子堂：《法理学初阶》，法律出版社 2006 年版，第 93 页。
③ 符启林：《我国法学教育的现状与改革》，《岭南学刊》2008 年第 3 期。
④ 曲玉梁：《论我国法律职业伦理教育学科体系的构建》，《法学》2019 年第 6 期。

律及其教育得以迅猛发展并已基本定型,但同时也暴露出很多问题(详见本章后面的分析),这将影响今后法律、法学教育的发展。

有的学者对中国法学教育的发展趋势进行了如下分析:[①]

第一,教育形式和教育层次趋向单一化和高级化。应逐步取消法学成人教育、自学考试及其他培训体系,实行单一化的全日制普通高等教育,即教育形式的单一化。教育层次的高级化则指提高法学教育的办学层次。首先,提高法学教育对象的知识起点,对此可以借鉴美国法学教育的经验,美国的初级法律学历教育被定位于大学本科教育之后。其次,对于硕士阶段的教育要变"牧羊式"的教育为真正的"师徒式"的教育,发挥教师与学生的互动效应。

第二,法学人才培养市场化。法学专业人才的培养应适应人才市场的需求,根据不同层次确定不同的培养方向:博士研究生培养可偏重于理论,培养人才主要以教学科研为主;硕士研究生教育不应局限于教学的框框,更多地应注重科研能力、法律实务能力的培养,以全面适应社会;本科教育则应注重实践,理论联系实际。

第三,教育定位、教育制度和教学内容的全球化。中国对加入WTO 后部分法律和制度与世界接轨的承诺给法学教育发展和改革提供了契机和平台,这意味着法律全球化进程对中国法学教育的发展趋势产生了重要影响。从法学教育的定位来看,中国法学教育的目标将从培养准法律人变为培养完全合格法律人,从培养国家法律人变为培养世界法律人。从教育制度方面来看,中国将教育服务作为服务贸易的一部分,并做出部分承诺,我们高等法学院校将会在人、财、资本、信息等领域与我们服务的市场和对象建立互动交流关系。

[①] 戚桂芳、袁雪:《中国法学教育的历史、现状及发展趋势》,《经济研究导刊》2009 年第 21 期。

高校自身的教师结构、知识结构、从业标准等也同时会与世界接轨。从教学内容方面来看，加入 WTO 后，中国法学教育的内容将出现大陆法系和英美法系的融合趋向。

第四，法学教育的结构比较完善。目前我国的法学教育是由普通高等教育、成人教育、自学考试和继续教育等同时并举的多种法律教育构成的。普通高等法律教育，是我国法律教育的最重要形式；成人法律教育，包括法律类管理干部学院、法律培训中心及普通高校中的成人教育学院等；中等法律职业教育，主要指政法或公安专科学校、司法职业高中等；各种业余形式的法律教育，主要指广播电大、函授大学、夜大、职业大学、自学考试等；各种非学历教育，指各种专业证书、岗位证书、职业资格证书等职业培训。从法律教育的类型与性质来看，既有学历教育，又有非学历教育；既有学科教育，又有专业教育；既有脱产，又有半脱产和业余教育；既有正规教育，又有非正规教育。①

第五，法学教育呈现多层次，即我国法律教育的层次非常繁杂，有法学本科、硕士、博士三个基本层次的学历和学位教育。经过几十年的发展和完善，我国法学教育体系实现了多层次化、多渠道化。"长期以来，我国法学教育体系虽然实现了多层次化、多渠道化，但是教学模式单一，教材内容陈旧，以'教师、教材、课堂'为中心，在'统一大纲、统一教材、统一进度、统一学制、统一考试'的理念支配下，教师采用灌输式强化训练的手段，注重强调对法律概念的死记硬背，而忽视了对思维方式的培养，尤其是对法律逻辑性思维和创造性思维的培养。缺乏专业基本技能和综合素质培养的传统

---

① 符启林：《我国法学教育的现状与改革》，《岭南学刊》2008 年第 3 期。

人才培养模式已不适应当前社会经济的发展，也滞后于 21 世纪国家各行业对法律人才的需求。在法律和经济发展日益全球化的趋势下，必须对我国法学教育体系进行改革，进行创新与重构。"①

法学家徐显明提出，我国法学教育的发展趋势可以从五个方面来加以把握。第一，职业化。过去我们曾讨论中国法学教育到底是走一条学术型道路还是职业型道路的问题，这个问题曾困扰我们多年。第二，多元化。法学教育追求形成法律职业共同体，但并不妨碍多元化这一发展方向。多元化是早已形成的一个趋势，现在仍处于发展过程中。多元化趋势恰恰要求法学教育要办出特色。第三，精英化。改革开放40多年来，我国已成为世界上发展速度最快、规模最大的法学教育大国。第四，正规化。这个趋势的任务我们现在还没有完成。中国法学教育规模宏大的背后仍在告诉我们，那些快马加鞭兴办法学教育的校长或院长对法治及高等教育规律的认识是何等肤浅。第五，国际化。中国的改革开放为法学教育提供了发展机遇，也提出了挑战。开放的社会和健康的市场经济都需要法律不断发展。这个趋势在当今全球化的大背景下更显突出。②

第四节　法学教育存在的问题

随着中国法学教育大跃进式的发展，各种问题也逐渐显现出来：法学教育形式杂乱，起点层次低；法学教育的地方化趋势加强；法

---

① 袁雪、赵融、孙桂英：《我国法学教育体系的创新和重构》，《法治与社会》2008年第10期。

② 徐显明：《中国法学教育的五大发展趋势》，《法治资讯》2013年（Z1）。

学教育与人才市场需求严重脱节；师资匮乏、经费投入不足；教学方法单一、缺乏对学生能力和职业道德或职业伦理的教育和培养等。尤其需要指出的是，中国的法学教育已严重脱离法律实践。中国的法学教师大多缺乏法律实践工作经验，其教育教学工作也是以传授理论知识为主。关于需要加强道德方面的教育，有的学者提出，"在法学教育中，在理论与实践结合的同时，还应该加强对法律专业学生的职业伦理道德教育。司法的公正，要求掌管裁判权力的法律职业人必须时刻保持中立性、正义感，有着更高的职业道德观，而全面提高法律职业共同体的整体职业道德水平，必须从大学法学教育开始。在西方两大法系中，都特别重视加强法科学生的职业伦理教育。如在美国，法学院特别开设了司法理论或类似有关职业伦理道德的课程，职业伦理法律教育的许多内容就是围绕树立学生正确的职业道德观展开的"。[①]

　　法学专家江平在总结中国法学教育的历程时，曾感慨万千地说道："中国的法学教育，我觉得从历史发展来说很值得研究。我们可以看到新中国成立前，我们的法学教育应该说还是很不错的，在主要的综合性大学里面都有法律系，无论西南联大，无论北京大学、清华大学还有过法律系，燕京大学也曾经有过一段。但是1949年革命胜利，新中国成立以后，我们的法学教育发生了许多重要变化。首先是1952年的国家教育体制改革，最大的特点是学习苏联模式，将综合大学中的许多学科都分割出来单独成为学院。其中，包括专门的政法学院，如北京政法学院。北京航空航天大学当时叫航空学院，也是主要从清华大学的某一个系中分离出来

[①] 袁雪、赵融、孙桂英：《我国法学教育体系的创新和重构》，《法治与社会》2008年第10期。

的。这样的话就变成一种单一性的思维了。工科就是工科的思维，工科不知道文科什么思维，反之亦然。其次，新中国成立之后的前30年，我们国家逐渐走上了一条萎缩文科、排斥法科的道路。国家在刚建立的时候培养人才还是一个全面的考虑，但是已经有了倾斜，当时派到苏联的留学生主要是学理工科的，尤其是工科，因为中国当时急需建立自己的工业体系，但是文科依然占了适当的比例。后来我们的教育发生了重大偏向，彻底的重理工轻文科，尤其是到了'文化大革命'，甚至文科学院都关闭了，法学院基本上都停了，只留了一所。单一的思维是最可怕的。国家的治理需要各方面的人才。"①

关于我国法学教育的不足，有的学者总结道：在整体实力（包括资金设施、师资力量、社会观念等）尚未提升的情况下，出现大规模的法学院系、招录大规模的法学专业学生以及法学教育本身都存在一定不足，主要体现在以下几个方面。②

第一方面，法学本科招生规模过大，而学生素质迅速下降。

我国高等法学教育在20世纪90年代中后期增长过快，这势必在一定程度上带来教学管理上的混乱，导致法学教育的学历贬值，法学毕业生的含金量下降。近年来，全国法学专业招生规模及毕业生数量在普通高校类学科中，增幅最大、增速最快，出现超速、非理性的发展趋向。据统计，截至2001年，全国设有法学本科专业的高等院校只有292所，但是2005年却增加到559所，在校法学本科生达到20多万人，可以说在这四年当中出现一个非正常的跳跃式发

---

① 江平：《中国法学教育的历史与际遇》，《法制日报》2007年11月25日。
② 张阳：《论我国法学教育的不足及完善构想》，《云南大学学报（法学版）》2011年第1期。

展。盲目扩招带来一定的弊端，打乱了原有教学计划。扩招之前，由于学生人数少，老师们可以深入了解学生，采取针对性的教学方法。扩招之后，老师们分身乏术，无力兼顾，所以学生毕业时老师都无法认全的现象也就不足为奇了。无法保证入学关，使很多之前并不符合高校招生标准的、能力不符合法学招生要求的学生进入法学专业学习，影响了法学专业毕业生的整体素质。这样的结果肯定是与我们的法学教育理念相违背的。

第二方面，入学时生源未加以严格选拔，因此水平参差不齐。

由于招生规模的扩大可以为学校带来一定的利润，如今的法学教育可以说在一定程度上有商业化运作的倾向。为此，学校侧重于要求学生的能力和水平进行严格的分数线，只要学生总成绩达到要求，就可以录取，在入学时不再设置任何相应的考核。而法学作为一门社会科学，具有很强的实践性和严谨性，它不但要求学生具有良好的学习能力，而且应该具备良好的道德品质，良好的口头、书面表达能力以及较强的逻辑思辨能力，只有这样才能在日后工作中取得好的成绩，给社会法治进程提供不竭的动力。所以，并非所有成绩优异的学生都适合学习法律，如果法学教育在入学前并未采取严格的选拔措施，那么教育效果也就可想而知了。

第三方面，法学本科教学模式和方法未能与时俱进。

在法学教育中，课程设置依然偏重理论而略轻实践，教学方法也大多限于对法律条文的解读和分析，教学模式侧重于书本知识的传授，忽视对学生逻辑思考以及动手操作能力的培养，贯彻的是以教为本的应试教育理念，走的是"以课堂为中心、以教科书为中心、以教师为中心"的教学路线。所以，教学过程的互动性、开放性不够，学生的学习也较为消极和被动，具有强烈的应付心理。这种不健康的教学模式扼杀了学生的创新精神，学生只是死记硬背专业知识，无法对所学知识做到举一反三、灵活应用，从而造成学生在逻辑思辨能力以及具体实践等方面能力的严重缺失。即使课程设置有部分实践性内容，但也更多地流于形式，或许仅是出于对教学检查的应付。另外，目前大多数法学院校有类似模拟法庭之类的硬件设施，但利用率并不是很高，所以学生参加法庭模拟的机会也不多。学生在校的大部分时间是在啃书本，缺乏相应的实践能力的培养，缺乏对法律实务的了解，造成法学毕业生在毕业后面临具体案件时束手无策，不能妥善解决的尴尬现象。最后，在考核方式上，大多还是试卷考试。这种考试方式只能考查出学生记忆能力的强弱，真正的逻辑思辨、法律思维、法律实践等法学专业人士应具备的素质并不能通过这种考试全面反映出来。

第四方面，法学本科教育与司法考试的关系处理不当。

现今的法学本科教育既不具有学术研究性，也不具有法律实务性，而法学本科教育自身定位的不明确直接导致中国法学本科教育目标定位的模糊性。2009年全国司法资格考试改革，规定大学三年级的法学在校学生具有司法考试报名资格。这一改革虽然有所进步，但大学三年级时由于面临毕业选择，很多学生根本无法全身心地准备司法资格考试，法学本科学生在司法考试方面的劣势并未从根本上得到改变。由于不能顺利通过司法资格考试，法学本科毕业生的就业选择面受到很大限制，不能从事律师工作，不能考录到法院检察院工作，这就严重地影响了法学本科毕业生的就业率，给法学教育的发展带来极大的负面影响。

第五方面，法学教育中硕士教育层次混乱。

现阶段，我国的法学硕士教育同样存在一些不足之处，主要表现在：首先，较为严重的学科壁垒。从教授硕士课程的老师们来讲，每个人都局限于自己的学科领域内，相互之间的学术交流和沟通不多，研究公法的一般不去关注私法，而研究私法的也相应地坚守在自己的学科范围内；从在校的法学硕士研究生来讲，每个学生也只能对自己所学专业内的知识有一个系统的了解，对其他学科的知识涉猎不多，甚至是从无涉猎，以至于法学硕士教育培养出来的并不是法学人才，只能说是法学专才。面对需要解决的现实问题，法律人只能根据自己学科的知识来进行狭隘的解释，这样就导致解决问题的片面性。其次，法学硕士培养目标的不明确。本科教育多限于对书本理论知识的灌输，所以法学硕士的目标自然而然地就被限定为培养法学研究人才，而法律的运行、法治社会的建设还是要靠大量的司法实务人员来推动，整个社会大量需要的还是学以致用的人才，而不是只能空谈理论的学术人才，更何况没有高深的法律适用技艺是成不了法学大师的，所以培养法律实务人才更应该成为我们的教学目标。

第五节 法学教育的完善

我国法学教育发展迅猛，因此出现这样或那样的问题是十分正常的事情。正是因为这些问题的存在，法学教育的完善才获得广阔的空间。对此，我国有的学者提出以下完善法学教育的问题构想：

第一，严把法学本科教学关，缩减招生规模，提高招生条件。大规模的法学本科招生除了带来教学上的不便与困难外，还顺理成章地导致了毕业生就业形势不乐观这一后果。因此，要想改变这一现状，就应该适当缩减法学本科层次的招生规模，设置更为严格的入学条件。同时应提高招生单位的资格和条件将法学本科专业的招生仅保留在全日制普通高校中，取消目前存在的其他法学教育形式，如电大、函授、成教等非正规的办学形式以及大、中专等办学层次，将其进行有效整合，作为法学培训机构而非正规的学历教育。还应对法学本科招收院校进行后续的跟踪评估验收，如不符合规定条件，应对其做出限制招收数量或取消招收资格的处理。对今后申请招生的资格条件应做出明确的规定，比如申请单位应该具有至少 20 名专职教师，其中半数以上要具有法学硕士或博士学位，副教授职称以上者要有 7 名到 8 名；还需具备起码的教学设施，比如法学教学楼、图书馆、图书资料室、模拟法庭、宿舍楼、餐厅等硬件设施，另外还要具有相对稳定的毕业生实习基地。①

第二，完善教学内容，改进教学方法。

大学学习应该是一个兼容并蓄的过程。在现今的法学教育中，除了专业课的学习外，大多数学校只开设了外语、思想政治课程，这就限制了学生的知识面。而一个合格的法学专业大学生应该是具有较强的实践能力、符合现代法律职业要求的复合型人才。要达到这个教育目标，就应该拓宽基础教育内容，着重培养学生独立分析问题、解决问题的能力。在教学内容上，为了更好地培养学生的法律思辨能力，不能局限于少量法学专业课程的学习，也不能局限于法律条文掌握的多少与熟悉程度，关键在于能否够熟练地掌握法律原理、原则，把握立法的精神，灵活地运用这些原理和精神对现实

---

① 申卫星：《时代发展呼唤"临床法学"——兼谈中国法学教育的三大转变》，《比较法研究》2008 年第 3 期。

的法律案件进行分析和解决。因此,要想培养合格的法官、检察官、律师、法学家就应该注重对学生法律思维的培养。要做到这一点,仅仅依靠法学专业知识是远远不够的,还应该能够从整体把握,并能综合运用社会学、经济学、伦理学等各种学科知识分析和解决问题。因此,在法学教育的课程安排上,应该增加社会学、伦理学、管理学等与法学学科联系紧密的选修课程。[①] 在教学中应贯彻以学生为主体的原则,其主要内容就是在课堂中,所有的教学活动都可以运用学生自己搜集的信息来完成。教师在课堂上可以提出相应的问题,解决问题的方法主要由学生分别通过自身努力去寻找,然后同学们再交流各自对问题解决的看法,通过归纳和总结找出解决问题最佳方案。这种教学方式可以使学生与课堂教学活动的内容建立密切联系,并使学生本人产生问题解决的满足感,从而激发他们更大的主动学习和思考的热情。以学生为主体的教学方式,可以消除之前教师课前简单备课、课上宣读课件的满堂灌式教学的弊端,教师在课堂中必须融入学生的讨论和发言当中,对于学生整理的知识和搜集的信息要及时加以思考,从而正确指导学生的学习和研究活动。在这种教学方式下,教师有时是传授法学知识的长者,是发现学生的优点并加以鼓励和肯定的伯乐,但有时又必须学会倾听,做一个合格的"学生"。这就对大学教师提出更高的要求,[②]教师无论在法律理论上还是在法律实务方面都必须有更深的造诣,才能根据不同的课堂要求来调整自己的角色定位。

第三,提升法律硕士的教育层次。

[①] 任丹红、王国梁:《我国高等法学教育的培养目标及法学教育改革》,《江南大学学报(教育科学版)》2007年第2期。

[②] 任丹红、王国梁:《我国高等法学教育的培养目标及法学教育改革》,《江南大学学报(教育科学版)》2007年第2期。

法学硕士教育主要有法学硕士教育和法律硕士教育两种层次，如今这两种形式各自所占的比重不分伯仲。法学硕士教育的目标本应是为将来的学术研究提供新生力量，为更深入地进行法学理论研究提供人才，而现实中绝大部分法学硕士毕业生还是走向了实践部门。但是在正式进入法律实务部门后，他们仍然需要接受为期一年甚至更长时间的培训才能进行真正的法律执业，这不能不说是对法学教学资源的一种浪费。①因此，我们应该改变当前法学硕士教育层次的培养模式，将以输送法律实务人才为目标的法律硕士教育确定为主要的培养模式。②

要想成功地将法律硕士教育提升为法学硕士教育层次的主要模式，其前提是要完善当前的法律硕士教育。完善构想有以下两点：(1) 变更司法考试的时间，将法学硕士的入学考试与司法考试的时间确定在同一期间，这样就可以使法律专业的本科生尽早做出抉择：学生如果打算今后进行更深层次的法学研究，就可以选择攻读法学硕士与博士学位；如果意欲从事审判、检察、律师等法律实务性工作，则可以参加司法考试，进而取得法律硕士学位；如不愿从事法律职业，就大可不必继续攻读法律硕士、法学硕士以及法学博士学位。这样做，既避免了法学本科毕业生取得法律职业资格证书后不经司法研修就直接进行法律实务的现象，又可以提高法官、检察官、律师等法律人的整体素质，同时避免了不必要的教育资源浪费。(2) 改变法律硕士的入学考试方式，将司法考试作为法律硕士的入学考试，以司法考试的成绩高低来确定法律硕士的录取与否。同时，将

---

① 任丹红、王国梁：《我国高等法学教育的培养目标及法学教育改革》，《江南大学学报（教育科学版）》2007 年第 2 期。

② 张阳：《论我国法学教育的不足及完善构想》，《云南大学学报（法学版）》2011 年第 1 期。

法律硕士的学习与司法实践的研修合为一体,让取得司法资格证书的人以法律硕士生的身份送入重点法律院校进行两年半左右的司法研修和学习。取得司法资格证书的人员,要想从事法律审判、检察以及律师职业,还必须进一步接受法律硕士教育,获得法律硕士学位,将获得法律硕士学位视为通过了司法研修考试,从而具有从事法律实务的资格。这样就可以改变当前法律执业者特别是律师从业人员法律素质和修养普遍较低的现象。①

有的学者提出了法学教育今后的改革方向:②

首先,在确立与法律人才培养目标相一致的法学教育目标方面,应转变现有的法学教育观念,明确我国的法学教育究竟应当培养什么样的人才——法学研究人才,还是法律实务型的法律人才。应根据不同层次确定不同的培养方向,博士研究生培养可偏重于理论,以教学科研为主;硕士研究生教育不应局限于教学的框框,应更多地注重科研能力、法律实务能力的培养,以全面适应社会;本科教育则应注重实践,将理论联系实际。

其次,设置相对独立的综合性实践教学课程。传统的实践教学往往从属于理论教学,是理论教学的附属品。尽管目前许多高校极力倡导提升实践教学的地位,但由于受传统实践教学课程从属于理论教学的限制,实践教学的地位和实施效果仍然没有太大改观。为此,建议将实践教学从理论教学中独立出来,单独设课;实践教学课程的设计要实现教学内容的综合拓宽和整体优化,以培养高素质的创新型法律人才;提高实践教学学分,从制度上保障实践教学的

---

① 张阳:《论我国法学教育的不足及完善构想》,《云南大学学报(法学版)》2011年第1期。
② 苏江丽:《我国现行法学教育的反思与改革设想》,《内蒙古电大学刊》2010年第3期。

重要地位。改革传统的讲授式教学方法，突出法学教育实践性环节，更多地采用案例分析教学法，由此激发学生学习的积极性和主动性，有利于培养学生对法律的运用能力和解决实际法律问题的能力。构建科学的实践教学评估体系，改革考试评价体系，建立理论教学与实践教学相结合的教学评价体系，增强学生的实践能力。完善法学实践性教学条件，解决法律实习问题。为此，在资金分配中应保障从事法律实习所必需的实习费用和实习基地建设的经费，除了保障司法部门等传统的、专门的、稳定的、长期的实习基地外，还应开辟更多的行政机关或企业作为实习基地，以满足学生统一实习的客观需要。同时，要注意设置不同类型的实习基地来培养学生的法律职业能力。

总之，法学是一门实用性很强的学科，学以致用是法学教育的根本特征之一。因此，在我国法学教育的发展过程中派生出一种极为有用的教育方法，而案例研习的课程和学问也就应运而生了。

第二章

案例研习教育的兴起

"案例研习"是从传统的法学教育中脱颖而出的一种新兴的法学教学方法、一门新兴学问,也成为律师研习的一种业务。案例研习是一个内涵异常丰富、不断拓展的过程,因此它不可能只是学术理论探讨的过程,而是一个实践、理论、再实践、再理论的不断反复的过程,它促使人们对司法、法的适用、法的理解的不断深入。从案例研习教学的实践到案例研习教学的研究,即从实践到研究,从教学实践到学问研究,是案例研习不断深入的过程。

何为"案例研习学"?它的内涵很丰富,会随着时代的变迁而变化、发展而发展,并不断激发、演绎、开发出其丰富的内涵与意义。可以说,案例研习的兴起是新时代的需要。

第一节 案例研习:新时代的需要

我国法学教育的发展十分迅猛,它必然随着时代的发展而发展。中国社会发展到新时代,而"案例研习学"作为一门新学问,终于应运而生，以满足新时代法治教育的需要。

　　首先，案例研习是大学法学教学内容和教学方法多样化的需要。法学不仅仅是一门理论，更重要的是一种法律解释新的实践。法律是相对稳定不变的，而法律案件则永远是常新的。新的法律案件和法的实施永远走在法律（已有的立法）的前面，尤其是新的案例的出现，注定要给以往的法律体系充实新的内容。在法学教学体系中，大学老师的教学越来越多地融入新时代的新的案例分析，这种教学法也越来越受到学生的欢迎。因此，在法学、法律的教与学中，案例研习的分量自然而然地以倍数增长着。

　　这是因为，案例研习教学法不仅是对传统法学教学的一种重要补充，而且是对传统的讲授式教学方法的一种重大改革和扬弃。案例研习和案例分析教学法具有法学理论与实际案例相结合的显著优势，因此可以让学生深入到案例生活中去体验当事人守法或违法的实际情形，调动并激发学生学习法学、掌握法律的热情，有利于培养和提高学生对法学、法律的理解能力、运用能力和解决实际法律问题的能力。这种社会需要为案例研习教学提供了广阔的发展空间。

　　众所周知，传统讲授式法学教学存在呆板、单调、乏味等明显的不足，很难激起学生的学习兴趣，既打击了学生学习法学、法律的热情，影响学生对法学、法律理解的宽度和深度，不利于学生对法学、法律的深入理解，也不利于学生获得和提高理解、处理法律问题的能力。

　　当然，案例研习教学法并不意味着要放弃传统的教学方法。传统教学方法自然具有其独特的优势。传授的法律知识体现出法学和法律的系统性、体系化和严密性，因此传统的教学方法有助于学生打下深厚的法学理论功底，建立法学知识的系统和专业方法，培养其关于法学特有的知识结构和逻辑思维能力。

因此，比较完备的法学知识的教育方法应当将传统教学法与案例研习方法有机结合起来，使两者相得益彰、互相补充。案例研习还包括模拟法庭教学、参与与法律有关的实践活动等内涵。所以，近年来，大学法学教育不断加强模拟法庭，时常组织学生旁听法庭审判，参观监狱，以及到律师事务所、检察机关、法院和公安机关等部门实习。

不过，我国案例研习教学也还存在一些问题。如，我国高校传统法学教学中，多以大陆法典为依托而进行理论梳理与理论阐述，虽然在讲述理论时也有许多例子，但讲解的却是一些陈旧的案例，远不如较新和最新的案例那么有生命力。

又如，近年来英美式案例法系教学法的引进，极大地提高了学生处理实际法律问题的能力，但其所涉及的理论并不全面，不可能囊括全部法典，所以仍存在严重的教学问题，导致很多高校大学生甚至研究生都不能顺利通过司法考试。即便许多人通过了司法考试，但同样存在法学理论系统性、内在理解力不足的问题。更为可笑和不幸的是，许多高校法学教授的教学、法学博士研究生的毕业论文严重脱离实际，不能吸取最新案例的内容，也不能站在司法实践的前沿，更不能回应司法实践中的重大法律疑难问题。

再如，虽然我国法学对发达国家的法律移植、法学继受已有很长时间，但继受更多的是"学说"，而且大多也只是学着说，很少有一些实务性的继受，很少有法律精神的实质性移植，[①] 尤其是案例研习的深度引入尚需深入。对于后者，有的法学家提出，"每一个法律

[①] 西方国家是重点保护私有财产，中国则重点保护公有财产，因此法律的精神实质是正好相反的。

的判决都有价值，每一个法院的判决都重要，即使它是三言两句，理由不太清楚，都没有关系。学者的任务、学说的目的，就是在含蕴有一个法律的原则的具体案例中，去发现它，去阐释它，用理论去构造它。这是我个人在研究法律的学习过程中的一个体会。大陆很多同仁想要说，我们法院的判决，内容并不是很丰富，事情也很简单，但是每一个案子都是法律的生命，每一个案子都有它适用的法律原则，那么应该去阐释它、发现它。这个阐释、发现含蕴在每一个法律的原则之中，有三个东西非常重要：第一，是我说的法律释义学；第二，案例的比较分析；第三，比较法。用比较法，让我们发现同样的东西在别的地方、别的国家的法律里有怎样的处理。透过法律释义学，加上案例的比较分析，再加上比较法的探求，从一个简单的案例就会发生一个法律原则，使得法律具有生命。这是我个人在研究上的一点心得"。[1]

其次，案例研习可以为司法实务部门办理案件提供参考，可以提高司法实务人员实务的能力。

任何人的眼界都是有局限性的。因此，司法实务人员，无论是检察官，还是法官，抑或是律师，每当接触一个案子时，总会觉得这是一个全新的案子。其实，这只不过对接手新案子的司法实务人员来说是全新的，但很有可能是别的检察官和法官早已判过的案子。如果查找网上或者已经出版的最新案例研习书籍，完全有可能找到类似的案例，可以拿来参考。因此，案例研习可以为司法实务部门办理案件提供参考，提高司法实务人员的实务能力。

当然，有些时候，司法裁判中的法官不愿意将内心真正确信的

---

[1] 王泽鉴：《德国民法的继受与台湾民法的发展》，《中国人民大学复印报刊资料：民商法学》2007年第4期，第107页。

裁判理由写在判决书中，这可能是最具实质性和讨论价值的理由。法官很可能是按照审委会的决定去写判决，甚至很多法官是先有结论再写判决。① 这则是另外的政治制度问题，与案例研习没有直接关系，不属本书的研究范围。

  案例研习对于提高律师的业务能力具有重要作用。有的律师在反思案例研习的重要性时提出，"案例研习方法就是根据法律实务中发生的案件事实去探寻法律规范，将法律规范具体化于案例。在这思维过程中，可能涉及各种各样的法律关系，法律关系的方法可能是最基础的方法，它要求对各种法律概念、法律关系主客体有比较明确清楚的理解。其次是请求权基础方法，为了适用法律，探寻请求权的基础，得首先寻找法律规范，包括现行各类法源，在此过程中可能涉及法律解释，其正当性论证理论包括法律解释的主观说与客观说，但它们仅止于理论，缺乏实践操作性，须重构各种实体论证规则。常见的法律解释方法有文义解释，即以文字通常意义为起点，以可能文义为界限；体系解释，包括同阶规范的一致性，不同阶规范（如"合宪"解释）；历史学解释；比较法解释；规范目的解释；概括条款的具体化等。当法律规范不存在，出现法律漏洞，填补方法主要有目的性限缩与类推适用方法等。法外造法主要是基于社会正义、法律伦理原则、事物本质、法律教育需要等。这些法学方法的使用同时又不同程度关涉利益衡量问题，这些方法交叉综合运用，会使司法实践复杂化。案例研习取材于鲜活的司法实践，具有开放性特征，既有的法学理论往往不能解决，这就要求律师与法官要具有理论创新能力，但这些创新都是以案例为基点、载体，

---

① 张家勇：《案例研习方法》，www.aisixiang.com 2015－07－19 23：58。

以案例的类型化解决为目的。"①

再次,案例研习也是普通民众学习法律、了解法律知识的一种重要途径。

法律各类案例研习的书籍能够成为对刑事诉讼法有兴趣的广大民众学习法律知识的读物。社会上确实有一批精明能干的"当事人",他们能够大量查找相应的"案例研习书籍"和网上相关案例的判决,用来维护自己的合法权益,有时连请律师费都省下了。当然,社会上更多的人出于懒惰,不去查找相应的"案例研习书籍"和网上相关案例的判决,也没有足够的金钱请律师,只好认命。

总之,案例研习是新时代的一种社会需求。正是这种社会需求,在大学的法学教学中,悄然引发一种案例研习的风尚。

第二节 案例研习:一种教学方法、研究方法论

从法学的教学实践角度来看,案例研习是案例研习的教学研究与教学实践,它是法学研究、学习和理解的一种方法。

案例研习最早是法学老师在大学课堂上经常运用的一种教学方法和教学实践这是因为学生厌烦了传统的法学理论灌输式的教学方法,而希望在课堂上能够接受一种经世致用的法学知识。

法学的实践性很强,前人的法律运用实践案例有很多,这就为案例研习提供了广阔的空间。教师发现,案例可以不断反过来刺激、加深学生对法学、法律的理解。因此,大学老师完全可以把法学基

---

① 王永春律师博客:《案例研习方法对提高律师法官实务能力的基础性作用》,2013年1月5日。

本理论、法律法规与真实发生的案例结合起来，借助案例的真实场景，让学生体会到"理论加实战"的"学以致用"的新式教学。这种教学方式受到大学生的普遍好评。正是在这种情形下，案例研习一改学问发展的规律性，成为中国大学讲堂的"宠儿"。一般的学问发展规律是从理论研究到实践，是先研究后实践，先有了理论模型或理论观点，然后运用到实践中去。而案例研习则相反，是先有案例，后有研习或研究，不是从理论到实践的过程，而是从实践到理论（研究）的过程。

案例研习不仅仅是一种教学活动，也不仅仅是法律研习活动，就其本身而言，是一种研究法律适用的方法。研究者选择一个或几个案例为对象，系统地收集相关数据和资料，进行深入的研究，用以探讨某一法律适用现象在实际生活环境中的具体状况。

案例研习对西方法律人而言至关重要。英美是判例法系，也叫英美法系，为我们如何进行案例研习提供了范例。判例法系的国家形成一种判例法。判例法泛指可作为先例据以决案的法院判决，通常与制定法相对而言，是英美法系法律的一个重要渊源。根据判例法制度，某一判决中的法律规则不仅适用于该案，而且往往作为一种先例适用于以后该法院或下级法院所管辖的案件。只要案件的基本事实相同或相似，就必须依判例所定规则处理。这就是所谓"遵循先例"原则。因此，判例法系中，法官、律师办案，比较容易判断或估量案件的判决方向，判断双方当事人的输赢。但是，在大陆法系国家，法律是抽象的，时常遇到法律冲突问题，即同样的情形，不同的法律规定是不同的，有时可能还是相反的，这就极大地增加了法官、律师判决的难度，因此决定了律师无法为当事人保证案件的输赢。

判例法是英美法系国家的主要法律渊源，它是相对于大陆法系国家的成文法或制定法而言的。判例法的来源不是专门的立法机构，而是法官对案件的审理结果，它不是立法者创造的，而是司法者创造的，因此判例法又被称为法官法或普通法。

判例法制度最早产生于中世纪的英国，目前美国是最典型的实行判例法的国家。美国法院对判例的态度非常灵活，即如果先例适于眼下的案例，则遵循；如果先例不适于眼下的案例，那么法院可以拒绝适用先例，或者另行确立一个新的法律原则而推翻原来的判例。那么，美国判例法的约束力何在呢？可以概括为两句话：在同一法律系统，下级服从上级，适用就高不就低的原则；如果涉及另一系统的问题，则要互相尊重。

不难发现，在判例法系中，适用的是最先最高或较高的案例，它们不仅是司法人员审查案件的重要参考，而且是司法人员审理案件的法律依据。判例法就是法官判决的法律依据。

相对于英美法系，我国属于大陆法系、法典法系。在西方，大陆法系是指欧洲大陆上源于罗马法、以1804年《法国民法典》为代表的各国法律，所以大陆法系也被称为罗马法系或民法法系。1896年，德国以《法国民法典》为蓝本，制定了《德国民法典》，该法典以后又为一些国家效仿，故大陆法系也被称为罗马—德意志法系。属于这个法系的除法国、德国外，还有奥地利、比利时、荷兰、意大利、瑞士、西班牙、明治维新后的日本以及亚、非、拉部分法语国家或地区。

中国法系大致接近于法典法系，因此其法律教育不可能完全以案例教学为主，必然以法律体系的理论教学为主，而以案例教学为辅。也就是说，案例研习充其量是法律教学的参考。这是因为，在中国，法官判决的依据不是"遵循前例"的案例，而是抽象的法律规定。因而，案例研习成为法律教学的重要手段。

第三节 案例研习：法律教学参考

大学老师运用案例方法教学，久而久之，为了满足师生对于各类法律教学的需要，对各类法的案例进行研习就成为大学法学老师的一个重要教学方法，并由此诞生了一系列关于法律案例研究的书籍，如《民法案例研习》《刑法案例研习》《刑事诉讼法案例研习》《民事诉讼法案例研习》《行政法案例研习》《经济法案例研习》《网络法案例研习》等。此外，教材性质的教科书也因势而生了。难能可贵的是，在重点大学中，案例研习已成为重要的科研与教学的任务。"开展案例教学是实现应用型法律职业人才培养目标的重要措施"，是为了实现国家实施的"卓越法律培养计划"。[①] 这些案例研习案例的排列并不是一盘散沙状的案例罗列，而是按照法律的体系来安排，案例排列由此获得了生命力。

中国政法大学在案例研习中走在了前列，出版了一系列案例研习教材，即"中国政法大学案例研习系列教材"。其中王娣等编著的《民事诉讼法案例研习》一书，将民事诉讼法各部分的教学内容与具体的案例分析有机结合起来。该书并非案例的堆砌和拼盘，而是通过具体的案例分析，阐述民事诉讼基本原则、基本制度、当事人、主管与管辖、证据与证明、诉讼保障制度、一审普通程序、简易程序、小额诉讼程序、二审程序、审判监督程序、特别程序、督促程

---

① 王娣等编著：《民事诉讼法案例研习》，中国政法大学出版社2013年版，编写说明Ⅰ。

序、公示催告程序、执行程序总论及分论等一系列问题。该书吸收了近年来民事诉讼法的最新理论研究成果、法律法规、经典案例，所选案例都很经典，具有可研讨性，便于读者深入思考和学习。该书通过案例分析对民事诉讼法立法、理论及实践进行了综合性分析和探讨，涵盖了民事诉讼法的全部内容，做到了理论性、系统性和实用性的统一。

刘玖、洪道德编写的《刑事诉讼法案例研习》一书，采用案例的形式，对《刑事诉讼法》涉及的知识进行分析和讲解，使读者在案例情景中正确理解与运用刑事诉讼法，并进行更为深入的思考。该书大多采用真实案例，分别取材于最高人民法院公报、最高人民检察院公报、司法判例和权威期刊、网络等，力求以鲜活案例反映当下社会关注度高的重大热点刑事诉讼问题，突出刑事诉讼法与社会实际相结合的特点。出于对案例素材来源的尊重，本书并未对全书案例的语言及内容进行统一修改，读者在阅读时难免会感觉风格不统一，特此说明。此外，需要指出的是，由于立法修改，本书选取的案例绝大多数发生在2012年《刑事诉讼法》生效实施之前。为此，在相关案例的解析中，作者采用新旧法律法规对比的方式来解释和分析刑事诉讼相关制度，以方便读者研习。

一般来讲，"刑事诉讼法案例研习"是以刑事诉讼法为主要对象，运用典型案例对刑事诉讼法涉及的任务、基本原则、管辖、回避、辩护、代理、证据、强制措施、附带民事诉讼、期间、送达、立案、侦查、提起公诉以及第一审程序、第二审程序、死刑复核程序、审判监督程序、执行程序等多个方面进行详细介绍，并阐述了刑事诉讼法中的特殊情形。

阮齐林编的《刑法案例研习教程》一书，选用400余例刑法案例，力求全面反映刑法分则基本罪名和条文的适用情况。除个别案例外，该书选取的都是司法机关处理的真实案件，并尽量注明案件的来源，以便读者进一步研习。每一案例一般包括"案情"（案件事实）、"诉讼与裁判"、"提示与讨论"三部分。在诉讼与裁判部分，着重摘编原诉讼文书中控辩双方的对立意见、上诉抗诉意见和裁判结果，以便读者了解争议的法律要点和案件最终处理的结局，即了解案件实际是如何处理的、刑法实际是如何适用的。在"提示与讨论"部分，着重对争讼与裁判进行有针对性的评析，解说法律要点，阐明法理依据，帮助读者快捷地发现和理解案件争议的焦点。《刑法案例研习教程》一书还附有司法考试刑法历年试题及参考答案。该书比较适合初步掌握刑法学知识且需进一步了解司法实务的法学本科学生，也可作为应对司法考试、研究生入学考试的辅助读物。

虽然案例研习有可能成为法学教学的新兴学科或课程，但到目前为止，各类法律"案例研习"尚未形成独立的学科或课程，只是表现为配合学习各类法律的教学参考书，虽然被冠以"教材"之名，实际上是重要的教学参考书。

第四节　案例研习：律师的一种业务

案例研习以一种超乎想象的魅力影响着中国的法学教育、研究方法与司法实务，也注定持续对未来的法学和法治产生深远影响。案例研习不仅对大学老师、法官、检察官、学习法律的大学生有意义，而且对律师也有特别的意义。作为一个好的律师，不能不对大量的案例进行研习,更重要的是,在办理案件时,为了保护当事人的合法利益,维护自己在律师界的地位和影响,也必须对自己亲自办理的案件进行深度研习,研究其中的得与失,总结并吸取以往类似案件的经验与技巧。其实,案例研习本身就是律师的一种重要的职业业务。

一般情况下,律师活动是提供法律服务的个人行为,但在特殊情况下,律师事务所为了更好地从事法律服务,遇到重大、疑难案件时,就会组织若干律师对案情进行分析,即不得不进行案例研习的活动。此外,大的律师所或律师行会为了指导律师提高业务水平,也会组织一些案例研习的学习和研讨。

北京航空航天大学法学院教授李昊提出,"这几年的案例研究我偏重的还是比较法上的判例研究,对中国案例的研究做得相对比较少。从自己的经验体会来看,无论是个案研究还是类案研究,案例研究的核心仍然是对裁判文书中体现出的法官的法律适用和法律推理进行剖析,发现法官在法律推理中存在的进步以及不足。鉴于我们是成文法国家,对案例分析最终仍需要落脚到法律规范本身,通过具体的个案的分析,发现现行法律规范在适用上存在的解释空间,乃至发现法律漏洞,提出解决的路径,为今后同类案件的解决提供方向,这也是解释论的基本方法。当然,在分析案例中,仍需要借助于现有的理论研究以及比较法的视野,通过理论上的阐述,指明现有裁判存在的意义和不足。反过来,对裁判文书提出的挑战,又可以进一步反思理论存在的缺漏。这样可以进一步凝练学理和实务的共识,形成通说,这也是案例研究的终局意义。而通过比较法的考察,可以以他山之石攻玉,发现其他的解决路径,或者支撑现有的解决路径,甚或可以发现人类共同的价值判断。而在对法律规范进行分析过程中，也可以为司法解释乃至将来的修法指明方向"。①

李志刚博士比较了个案研习与类案研习。他认为，个案分析是一个案件的分析，类案分析则取决于多个典型个案中的比照。客观地说，这种比照的技术，在英美法国家比较注重培训和训练，而大陆法传统法律教育继受的我们却并不擅长。比照技术最重要的问题是共同性和差异性的萃取。基于个案基本事实的丰富性，如果基础判决对要件事实选取有误（把非要件事实作为要件事实，而忽略了真正的要件事实），那么我们能不能抽丝剥茧地理出真正的头绪？并在此基础上，剥离个案因素，乃至法官的个人偏好因素，寻求一种类案的共性和裁判结果的可预测性？案例分析写作中，另一个值得关注的问题是矛盾判决与矛盾观点的比较、鉴别与论证。同案不同判经常被作为批评裁判不统一的一个重要论据，但从哲学意义上来说，"没有两片叶子是相同的"。因此，可能更严谨的说法是"类案不同判"。但是不是"类案"，本身就有若干论证的空间。事实上，民商法实务上的争议问题始终存在。而我们研究文书，并非为了论证对错，而是寻求不同观点的差异性、合理性、正当性和可复制性。如果能做实这一点，写案例文书研究报告的意义，可能已经完成一半。②

吉林大学法学院教授孙良国提出，不同的研究方法在事实上决定了案例的选择和文书的阅读范围。因此，在很大程度上，对裁判文书的阅读、理解、总结和提炼都是个人的研究方法、理论与裁判文书相互吸引、相互支撑的过程。他说，他个人在研究方法上主要侧重法律经济学的方法，这就意味着其强调不同的法律规则所形成

---

① 《"案例研习"十人谈（下篇）》，http://www.sohu.com/a/277619738_159412。
② 《"案例研习"十人谈（下篇）》，http://www.sohu.com/a/277619738_159412。

的激励机制对具体当事人或未来当事人的激励，进而形成何种社会秩序。就个案研究而言，不同的方法或前见会影响甚或决定提出问题的框架。在"新宇公司诉冯玉梅案"中，如果单纯从法律教义学的角度讲，该判决没有法律依据就解除或终止了合同，是一个"欠缺法律依据"甚或"违法裁判"。然而，他发现，该判决是否在某种程度上创设了"违约方合同解除权"的规则。在该案中，只有合同解除或终止了，才符合未来形成更加有效率的秩序，同时避免冯玉梅等当事人没有效率的敲竹杠。当然，个案研究需要受制于法律价值判断的约束，即个案研究是否能够反映一般问题，是否需要进行制度化设计的对待等。不是说个案研究的结果一定具有形成规则的必要。对类案而言，不同的方法论也会发现不同的问题。例如，我们应当如何看待民间借贷中的24%的利率？如果只是从传统观点看待，这类案件的合法性就取决于法院是否认定借贷的本金以及所约定的利率超过了24%。然而，更主要的问题是24%的利率是否具有正当性。法院在裁判中通常不会对该问题进行反思和评判，而学界也大多认同此种规定，甚至有人认为24%的利率不能有效地反映民间借贷市场中的融资成本，很多利率远超过24%。然而问题是，24%利率设定的标准是什么？其对实体经济会产生何种影响？在既有的市场竞争行业纯利率均不超过24%的情况下，任何实体企业进行民间借贷的较长时期的融资都只能是赔钱，是"得不偿失"，这个结果是否就是"良法"。法律设定如此高的标准，值得商榷。①然而，不能和法律抬杠，法律的不合理之处自有未来立法机关去完善和修改，律师只能面对当下的事情。

---

① 《"案例研习"十人谈（下篇）》，http://www.sohu.com/a/277619738_159412。

华东政法大学教授杨代雄认为,如果是为了写论文或者写法条评注而考察案例,那么对于检索到的并阅读过的案例需要进行整理。所谓整理,无非就是分门别类。具体而论,如果打算对某个问题提出一种观点,那么就需要了解司法实践中对于该问题主要存在哪些观点,每种观点的代表性案例有哪些。此时的分门别类就是以裁判观点为标准对案例予以类型化。比如在研究公司为他人担保之效力问题时,就发现实践中法院有两种分析路径:一是审查公司未经决议为他人担保是否违反强制性法律规定,从而决定是否依据《合同法》第52条第5项认定合同无效;二是审查公司未经决议为他人担保是否构成越权代表。我分别考察了两种路径的代表性案例。如果打算写法条评注,由于法条通常包含若干要件,所以首先需要根据所涉及的要件对检索到的案例进行分类,然后再根据裁判观点的不同对案例予以进一步分类。无论是写论文还是写评注,当然都不需要在正文中对某个案例进行详细介绍,必要时予以简要评论即可。关于案例的信息和评价更多地应该放在注释中。以案例为素材的写作还有一种特殊类型是案例报告,既包括对某个案例的裁判结论进行评价的报告,也包括从方法论层面对该案例采用的法律方法进行评价的报告。前者是教义学作品,后者是关于教义学方法的作品。这两种案例报告都是研究性的。案例报告也可以训练为目的,比如学生撰写的案例报告。这几年我让自己带的研究生运用请求权基础方法撰写案例报告,每个学生至少做一次,写完后当众演示汇报。所用的案例都是我挑选出来的裁判文书中的案例。通过这样的训练,学生初步掌握了请求权基础的案例分析方法。[1]

---

[1] 《"案例研习"十人谈(下篇)》,http://www.sohu.com/a/277619738_159412。

上海财经大学法学院教授朱晓喆提出，个案研究的对象须建立在"精读"的基础上，所以个案必须具有很高的典型意义。这样的案件说明，在我国司法实践中出现了某个或某类问题，而以往的立法、学理或司法都未曾解决过，或解决的方法和结果不好。个案研究可以是支持论证法院的裁判方法和结果，也可以是批评式的。但无论如何要超越个案裁判的意义，这样才能在学理或规则提炼层面有所启发、有所推动。例如，买卖合同中买卖标的物给付不能时，买受人可否就"代偿利益"主张"代偿请求权"。这个问题在我国合同法中并无规定，但基层法院做了实质上支持、但理由并不清楚的裁判，且《人民法院案例选》还将其刊登出来。朱晓喆研究的结论是，虽然合同法未规定代偿请求权，但司法实践中实际上做出支持的结论，这个制度在比较法上也获得各国的支持，那么我国立法机关为何不将其上升为正式的合同法规定，以作为解决给付不能后续问题的方案呢？[①]

综上，可以肯定的是，案例研习是一门学问。由法学教学深入到案例研习的研究，使得案例研习的研究逐渐完善，进而派生出一门新的学问，即使得案例研习成为一门学问。案例研习的第三阶段，才会进入案例研习的学科研究阶段。

总之，案例研习学就是案例研究法、案例教学法、案例教学、律师研习案例、法学研究者对案例进行研究等有关案例研究学问活动的总称。从教学实践到教学研究，从教学到学问，是案例研习学不断深入的过程。

[①] 《"案例研习"十人谈（下篇）》，http：//www.sohu.com/a/277619738_159412。

第三章

继承纠纷

夫妻领养儿女,养子养女赡养回报养父养母乃天经地义的事情,但是残酷的现实告诉我们有时并非如此。下述案例具有一定的典型性,也是真实发生的故事。

这是一起由遗嘱继承转为法定继承的遗产继承纠纷案件。这是一场让死者难以瞑目的诉讼。

第一节 母女争产

在司法实践中,最主要、最困难的工作,在于采信证据以认定事实,进而适用法律。因此,法院必须调查证据,发现事实真相,并判断何者与法律适用有关,何者无关。[①] 在一个真实的案例中,案件事实,在法院的判决中,通常以审理查明的方式表述。

法院经审理查明的案件事实是:甲某与乙某系夫妻,丙某是二

---
① 王泽鉴:《民法思维》,北京大学出版社2009年版,第20页。

人的养女。位于A市B区南大街某号东某楼某某某室房屋（以下简称某某某室房屋）是甲某与乙某的夫妻共同财产。甲某于2011年6月18日去世。2011年9月23日，经法院调解，乙某与丙某解除收养关系。

2012年，乙某以遗嘱继承纠纷为由起诉丙某，并提交《我的遗嘱》为证。该遗嘱的内容部分是复印件，代书人、见证人及"甲某"三个人的签字均是在复印件上签署的。民生物证司法鉴定所做出的司法鉴定意见书中，鉴定意见为遗嘱中"甲某"的签名与样本上甲某的签名不是同一人书写。后乙某撤诉。在本案审理中，乙某亦向本院提交该遗嘱作为证据，并对司法鉴定意见书提出异议，申请民生物证司法鉴定所鉴定人员出庭。本院依法与该鉴定中心电话联系并邮寄函件，该鉴定中心以上述司法鉴定意见书是针对乙某作为原告的案件做出的为由，拒绝出庭接受质证。

庭审中，丙某认为乙某有伪造遗嘱的嫌疑，主张乙谋丧失了继承权。丙某要求继承某某某室房屋50%的份额，对于甲某的其他遗产，丙某表示放弃继承。乙某称丙某没有对甲某尽到照顾义务，也不给钱，甲某住院期间，丙某去医院看望甲某，但是没呆多久就走了。丙某辩称其照顾了甲某，尽到了赡养义务，在与乙某解除收养关系之前，其与养父母关系很好，并负担家里的水费、电费、煤气费、上网费等。

证人张某1、张某2、王某出庭作证，证明乙某所提交代书遗嘱复印件上为甲某亲笔签名。

另查，乙某现已退休，乙某称其退休费每月4200元，没有其他经济来源，现在居住在某某某室房屋内，没有其他住处。

上述事实，有双方当事人陈述、结婚证、房产证、死亡证明、司法鉴定意见书、开庭笔录、民事调解书、遗嘱复印件、证人证言以及本案庭审笔录等证据在案佐证。

第二节　案例事实的证明

因案例事实是过去了的事实，双方当事人之间又存在争议，为此，需要用证据加以证明，以使法官分清是非，查明事实真相。

民事诉讼法规定，当事人对自己提出的主张，有责任提供证据，[1] 即"谁主张，谁举证"的举证规则。最高人民法院就上述民事诉讼法的规定解释为，当事人对自己提出的诉讼请求所依据的事实或者反驳对方诉讼请求所依据的事实，应当提供证据加以证明，但法律另有规定的除外。在做出判决前，当事人未能提供证据或者证据不足以证明其事实主张的，由负有举证证明责任的当事人承担不利的后果。[2] 举证证明责任是一种风险负担，举证不能将承担败诉的后果。

民事诉讼法规定有八种证据形式：当事人的陈述；书证；物证；视听资料；电子数据；证人证言；鉴定意见和勘验笔录。[3]

一、双方当事人陈述

民事诉讼的双方当事人，起诉的一方称为原告，被诉的一方称为被告。当事人陈述是指，当事人就有关的案件事实情况向人民法

---

[1] 《民事诉讼法》第64条第1款。
[2] 最高人民法院关于适用《中华人民共和国民事诉讼法》的解释第90条。
[3] 《民事诉讼法》第63条。

院所做的陈述，包括当事人自己说明的案件事实和对案件事实的承认两种。当事人陈述作为证据，具有"双重性"的特征，即真实性与虚假性。所以，人民法院对于当事人陈述，应当结合本案的其他证据，审查确定能否作为认定事实的根据。当事人拒绝陈述的，不影响人民法院根据证据认定案件事实。

在法院裁判的案例中表现为，原告诉称与被告辩称的内容。

就本案而言，原告丙某诉称，甲某是我的养父，乙某与甲某是夫妻，甲某与乙某没有其他子女。甲某于2011年6月18日去世，乙某于2012年2月以甲某有代书遗嘱为由向A市B区法院提起诉讼，要求继承A市B区南大街某号东某楼某某某室房屋全部房产。后经司法鉴定后确认该遗嘱是伪造的，乙某于2012年11月26日撤诉。乙某撤诉后，我多次让委托律师与乙某联系，希望见面协商甲某遗产的继承问题，乙某以身体不好为由拒绝与我协商。我认为该房产是甲某与乙某的合法共同财产，现在甲某去世了，我是他唯一的养女，依法应当继承遗产。乙某伪造遗嘱的事实已经被A市B区法院查明，依据《中华人民共和国继承法》第7条的规定，乙某已经丧失了继承权，故我起诉至法院，要求判令位于A市B区南大街某号东某楼某某某室房屋50%的产权由我继承，乙某配合办理房屋所有权变更手续，诉讼费用由乙某负担。

从原告丙某的诉称中，我们看到，原告丙某提出的诉讼请求有两项，外加一项诉讼费用的负担。其中，第一项是：请求法院判令继承位于A市B区南大街某号东某楼某某某室房屋50%的产权；另一项是：请求法院判令被告乙某配合其办理房屋所有权变更手续。

尽管诉讼费用由法院依法判决由哪一方承担，但因诉讼费用负担的一个很重要的原则是"败诉方承担"，为此，原告的诉讼请求中通常加上"诉讼费用由被告承担"这一项内容，以表明是自己的合法权益遭受损害，不是滥诉。

针对原告的诉称，被告乙某辩称：1. 被告不同意原告提出的位于 A 市 B 区南大街某号东某楼某某某室房屋 50% 的产权由原告继承。理由是：被继承人甲某生前立有代书遗嘱，将自己的遗产留给了妻子乙某。为此，该房产中属于被继承人甲某的 50% 产权部分应当由被告乙某继承。

乙某与甲某是夫妻，二人在甲某生前共同购买了争议房屋，并在此共同居住和生活。甲某因病去世。他在生病住院期间，考虑到妻子晚年生活困难，为她养老所用，请托本单位的同事张某 1 代书，由同事王某和张某 2 做见证人，于 2011 年 4 月 19 日立下了一份代书遗嘱。遗嘱的内容是："在我过世后，我与妻子乙某在 A 市 B 区南大街某号东某楼某某某室房产，还有我的其他所有财产，包括银行的存款，全部留给我妻子乙某。供她养老所用。"代书遗嘱上有甲某的亲笔签名，见证人、代书人的签名，还注明了年、月、日。

《中华人民共和国继承法》第 17 条第 3 款规定："代书遗嘱应当有两个以上见证人在场见证，由其中一人代书，注明年、月、日，并由代书人、其他见证人和遗嘱人签名。"为此，这份遗嘱符合《继承法》规定的形式要件和实质要件，因此是合法有效的遗嘱，应当按照遗嘱继承。

2. 关于民生物证司法鉴定所司法鉴定意见，被告有异议，并根据《民事诉讼法》第 79 条的规定，已向法院申请通知有专门知识的人出庭，就鉴定人做出的鉴定意见或专业问题提出意见。

3. 关于丧失继承权问题。根据《继承法》第 7 条第 2 款第（四）项规定："伪造、篡改或者销毁遗嘱，情节严重的，丧失继承权。"最高人民法院关于贯彻执行《中华人民共和国继承法》若干问题的意见第 14 条规定:"继承人伪造、篡改或者销毁遗嘱,侵害了缺乏劳动能力又无生活来源的继承人的利益,并造成其生活困难的,应认定其行为情节严重。"

首先,没有证据证明被告乙某伪造遗嘱,A 市 B 区人民法院审理查明不存在乙某伪造遗嘱的事实。民生物证司法鉴定所的司法鉴定意见也仅仅是一份意见证据,不是不可推翻的证据。鉴定意见要经法庭质证,法院认证、核实无误后,才能作为认定案件事实的依据。此外,这是一份代书遗嘱,代书人、见证人会向法庭陈述被继承人立遗嘱的过程,根本不存在被告乙某伪造遗嘱的事实。

其次,更不存在侵害了缺乏劳动能力又无生活来源的继承人的利益,并造成其生活困难的情形。原告丙某有劳动能力,有生活来源,生活并不困难。生活真正困难的是被告乙某,正因如此,被继承人甲某才在生前立下遗嘱将财产留给妻子,以供她养老所用。作为养女,丙某如果能对二老尽赡养义务,报答二老的养育之恩,就不会有这场官司,应当好好反省的是原告。

从原被告的诉称和辩称中,我们可以看出,民事诉讼一个很重要的特征是它的对抗性。鉴于此,法官就不能只听双方当事人的陈述。诚然,如果一方陈述的案件事实,另一方承认,法院可以根据当事人自认的事实,在排除法律规定的例外情形的情况下,认定该事实成立或不成立。由于本案双方当事人存在重大争议,原告方主张按照法定继承,被告方主张按照遗嘱继承,为此原被告双方必须积极完成举证证明责任,否则将承担不利后果。

二、结婚证、房产证、死亡证明

1. 结婚证。证明甲某与乙某系合法夫妻,乙某现有法定继承权,并且可以作为遗嘱继承人。

2. 房产证。证明被继承人甲某的遗产状况。

3. 死亡证明。证明被继承人死亡的时间和死亡的事实以及确定遗产继承开始的时间和遗产的范围。

对于以上三份证据，原被告双方都没有异议。法院在开庭时也确认了其真实性、合法性与关联性，可以作为定案的依据。

三、司法鉴定意见书

鉴定意见是指鉴定人运用专业知识、专门技术对案件中的专门问题进行分析、鉴别、判断后做出的意见。民事诉讼中的鉴定主要为文书鉴定、医学鉴定、工程质量鉴定、产品质量鉴定、会计鉴定等。①

鉴定意见，作为证据，较多地出现在遗嘱继承中。一方拿出遗嘱，主张按遗嘱继承；另一方主张遗嘱无效，按照法定继承。要推翻遗嘱的一方当事人会向法庭申请对遗嘱进行笔迹鉴定，鉴定遗嘱的签名是否为立遗嘱人本人所签，或遗嘱是否为本人亲自书写等。本案例中，甲某的妻子乙某主张遗嘱继承，其养女丙某则主张法定继承，并申请对遗嘱中的立遗嘱人的签名是否为本人所签进行司法鉴定。司法鉴定意见书得出的鉴定意见是："检材上'甲某'签名与样本上甲某签名不是同一人书写。"鉴定意见证据所证明的问题是，代书遗嘱上的签名不是立遗嘱人甲某的签名，这样遗嘱就因欠缺合法的形式要件而无效，不能按照遗嘱继承。这显然是对原告非常有利的一份证据。被告对该份鉴定意见持有异议，申请鉴定人出

---

① 李浩著：《民事诉讼法学》，法律出版社2016年版，第156页。

庭，接受被告聘请的有专门知识的人质证，以动摇或推翻鉴定意见。

四、开庭笔录

开庭笔录也称为庭审笔录，是在开庭审理时，书记员对整个庭审中各方的发言及法官的询问所做的记录。庭审结束后，由各方发言人及法官、书记员签字确认后入卷、备查。

这份开庭笔录不是本案的庭审笔录，而是乙某诉丙某遗嘱继承案件中的庭审笔录，也是原告丙某提交的一份证据，用以证明在上一次开庭审理时，证人出庭所做的证言与这一次的证言不一致。这也是对被告乙某不利的证据。

五、民事调解书

调解和判决是我国审理民事案件的两种方式。调解书与判决书具有同等法律效力。二者的区别在于，调解书不能上诉，但一审人民法院做出的判决书，当事人若不服，有权提起上诉，引起二审程序的发生。我国实行的是两审终审制，二审程序是终审程序，二审人民法院做出的判决是生效的判决。

在法院查明的案件事实中有2012年9月23日，经法院调解，乙某与丙某解除收养关系，所以这里的民事调解书是乙某与丙某解除收养关系的调解书。

民事调解书是被告乙某提供的证据，证明因丙某不对甲某和乙某尽赡养义务，乙某主动提出解除收养关系的诉讼，现双方收养关系已经解除；也用以证明乙某未来的生活困难，无人照料。

在继承纠纷案件中，还需要具备的一份重要证据是亲属关系证明。为此，这份民事调解书还证明了亲属关系以及继承人的范围。

六、遗嘱复印件

遗嘱复印件，即甲某立的代书遗嘱，题为《我的遗嘱》。被告乙某提交的证据，证明应按照遗嘱所示，A 市 B 区南大街某号东某楼某某某室房产的 50% 由乙某继承。

七、证人证言

证人证言是指证人以其所了解的案件事实向人民法院所做的陈述。应人民法院传唤到庭作证的人，被称为证人。《民事诉讼法》第 72 条第 1 款规定："凡是知道案件情况的单位和个人，都有义务出庭作证。有关单位的负责人应当支持证人出庭作证。不能正确表达意志的人，不能作证。"

《我的遗嘱》是一份代书遗嘱，有代书和见证人。他们应法院的通知，出庭作证，证明遗嘱形成的过程。三人同时证明，《我的遗嘱》上的签名和年、月、日为立遗嘱人甲某亲自所写。

八、本案庭审笔录

本案庭审笔录指本次案件开庭审理时形成的笔录，证明所有的证据已经经过质证，庭审符合法定程序。根据《民事诉讼法》的规定，除法律另有规定外，未经质证的证据不得作为定案的依据。

第三节　案例裁判理由与裁判结果

在一个真实的案件中，案例裁判理由体现为判决书的"本院认为"部分的内容，裁判结果则是判决书中"判决如下"部分的具体内容。

本院认为，继承开始后，按照法定继承办理；有遗嘱的，按照遗嘱继承或者遗赠办理。该争议房屋系甲某与乙某的夫妻共同财产，甲某去世后，其继承人有权对该争议房屋50%的房产进行继承。本案的第一个争议焦点是本案适用遗嘱继承还是法定继承？本院认为，乙某提交的署名为"甲某"的《我的遗嘱》在性质上属于代书遗嘱，代书遗嘱应当有两个以上见证人在场见证，由其中一人代书，注明年、月、日，并由代书人、其他见证人和遗嘱人签名。根据庭审查明的事实，该遗嘱的内容部分是复印件，代书人、见证人及"甲某"三个人的签字均是在复印件上签署的，代书人和见证人对该遗嘱的形成过程表述前后不一致，审理该案的法院认为代书遗嘱不符合法律规定的形式要件，且见证人、代书人对此不能做出合理的解释，故本院不将该遗嘱作为认定本案事实的依据，本案按照法定继承处理。本案的第二个争议焦点是乙某是否存在伪造遗嘱的行为？是否导致其丧失继承权？丙某主张乙某伪造遗嘱的依据是民生物证司法鉴定所做出的司法鉴定意见书，鉴定意见为遗嘱中"甲某"签名与样本上甲某签名不是同一人书写。本院认为，司法鉴定意见书虽然是在另案审理过程中做出的，但本案双方当事人均将其作为证据提交，该院理应对此进行审查。现乙某对鉴定意见有异议并申请鉴定人出庭，本院亦认为鉴定人有必要出庭，但经本院通知，鉴定人拒不出庭作证，故本院不将该《司法鉴定意见书》作为认定本案事实的依据。丙某亦无其他证据证明乙某伪造遗嘱，故乙某依法享有继承权。本案的第三个争议焦点是遗产如何分割。根据庭审查明的事实，甲某、乙某夫妇于1978年收养了仅八个月的丙某并将其抚养成人，甲某现已去世，乙某年近八十，无其他子女，除工资外无其他收入来源，除诉争房屋外无其他住所。考虑到乙某夫妇将丙某抚养成人的事实以及乙某年老无依的实际困难，法院在分配遗产时对其予以适当照顾。争议房屋系甲某与乙某夫妻的共同财产，两人各占50%的份额。属于甲某遗产的该房屋50%的份额由乙某和丙某共同继承，其中乙某继承该房屋40%的份额，丙某继承该房屋10%的份额。继承完成后，乙某占该房屋90%的份额，丙某占该房屋10%的份额。丙某自愿放弃继承甲某其他遗产，本院对此不持异议。综上所述，依照《中华人民共和国继承法》第5条、第7条第4款、第10条、第13条第2款，以及《最人民法院关于贯彻执行〈中华人民共和国继承法〉若干问题的意见》第14条、第22条之规定，判决如下：

（一）位于A市B区南大街某号东某楼某某某室房屋属于甲某50%的份额，由乙某继承40%的价额，由丙某继承10%的份额，继承完成后，乙某占该房屋90%的份额，丙某占10%的份额；

（二）乙某与丙某于本判决生效之日起15日内前往房屋管理部门办理位于A市B区南大街某室东某楼某某某室房屋产权变更手续；

（三）驳回原告丙某的其他诉讼请求。

第四节　让死者难以瞑目的一场诉讼

这一对老夫妻，一个是我国著名的气象学专家，一个是有着丰富经验的妇产科医生，夫妻二人在同一个单位工作。原本有一个亲生的女儿，因生病在很小的时候就离开了他们。家里人为了减轻他们的痛苦，让他们精神上有所安慰和寄托，帮助他们收养了一个女儿。二位老人精心将养女养大成人。老人对养女的要求有些高、有些严厉，双方渐渐产生了矛盾和隔阂，出现了感情上的裂痕，尤其是养母和养女之间的关系比较紧张。这也是养父去世后，养母起诉解除收养关系的原因之所在。鉴于此，丈夫对于自己去世后，留下妻子一个人生活不放心，才在病重期间找人帮忙立下了代书遗嘱——《我的遗嘱》。遗嘱的内容是："在我过世后，我与妻子乙某在 A 市 B 区南大街某号东某楼某某某房产，还有我的其他所有财产，包括银行的存款，全部留给我妻子乙某。供她养老所用。"遗嘱的内容，除了体现了老人对自己生前财产的处理外，更多地体现了对相伴一生的爱妻的一片深情。

  本案争议的房产是二位老人单位分配给他们的房子，后来他们自己花钱买了下来，但不能上市交易，只能自己居住使用。就如本案查明的事实，老人的妻子乙某除了这套可以居住的房子外，就是每个月 4000 多元的工资。老人自然放心不下自己的爱妻，才立下了此份遗嘱。但遗憾的是，未能满足老人生前的愿望，遗嘱没有得到法院判决的确认。那么，究竟是哪里出了问题？

  在这里，我们要探讨的第一个问题是，实质真实与形式真实的问题。

  立遗嘱是一项民事法律行为。民事法律行为是民事主体通过意思表示设立、变更、终止民事法律关系的行为。[①] 其行为特征有三个方面：一是民事主体实施的以发生民事法律后果为目的的行为；二是以意思表示为构成要素的行为；三是合法行为。

---

① 《民法总则》第 133 条。

民事法律行为的有效条件成立，包括以下两个方面：

一、民事行为的一般有效条件

1. 行为人具有相应的民事行为能力

《民法总则》规定了三种民事行为能力：完全民事行为能力、限制民事行为能力和无民事行为能力。

成年人为完全民事行为能力人，可以独立实施民事法律行为。16周岁以上的未成年人，以自己的劳动收入为主要生活来源的，视为完全民事行为能力人。8周岁以上的未成年人为限制民事行为能力人，实施民事法律行为由其法定代理人代理或者经其法定代理人同意、追认，但是可以独立实施纯获利益的民事法律行为或者与其年龄、智力相适应的民事法律行为。不满8周岁的未成年人为无民事行为能力人，由其法定代理人代理实施民事法律行为。不能辨认自己行为的成年人为无民事行为能力人，由其法定代理人代理实施民事法律行为。8周岁以上的未成年人不能辨认自己行为的，适用前款规定。不能完全辨认自己行为的成年人为限制民事行为能力人，实施民事法律行为由其法定代理人代理或者经其法定代理人同意、追认，但是可以独立实施纯获利益的民事法律行为或者与其智力、精神健康状况相适应的民事法律行为。①

2. 意思表示真实

意思表示是民事法律行为的核心要素。意思表示真实，即要求行为人的内心意愿为行为人自觉自愿而产生的，同时与其所表达的意思相一致。通常情况下，要达到这一点有两个要求：一是意思表

---

① 《民法总则》第18、19、20、21、22条。

示自由，不是在受他人欺诈、胁迫之下做出的违背其内心意愿的行为；二是意思表示无误，应当是其内心真实意愿的反映，并不因重大误解等原因而表错意。但也可能出现表示意思与效果意思不一致的情形，此即意思表示有瑕疵。意思表示有瑕疵的行为，如属于法律规定的应被宣告无效或者撤销的情况，则不应产生法律效力。

3. 不违反法律或者社会公共利益

这是民事法律行为合法性的本质要求。所谓不违反法律，指的是意思表示的内容不得与法律的强制性或禁止性规范相抵触，也不得滥用法律的授权或任意性规定以规避法律，还应该包括不违反国家政策。这里所说的法律，既包括国家颁布的各种法律、法规和各级政权机关发布的决议、命令、条例等行为规范，还包括国家现行政策，例如不得买卖禁止流通物等。所谓社会公共利益，是指社会全体成员的共同利益，社会经济秩序、政治安定、道德风尚等皆应包括在内。不违反社会公共利益是指行为人实施的行为必须符合全体人民的共同利益，不得有损社会公共秩序和社会公德等。

二、民事法律行为的特别有效条件

在特殊情况下，民事行为还应具备法律规定或当事人约定的特别有效条件才能产生法律效力。例如，立遗嘱的行为只有在遗嘱人死亡这种特别要件发生时才能生效。同时，法律行为必须符合法律规定的形式要件。《继承法》规定，代书遗嘱应当有两个以上见证人在场见证，由其中一人代书，注明年、月、日，并由代书人、其他见证人和遗嘱人签名。[①] 这是代书遗嘱的形式要件要求。

[①] 《中华人民共和国继承法》第17条第3款。

甲某立的《我的遗嘱》，有两名见证人，由一名代书人，有见证人和代书人的签名，有注明的年、月、日。该遗嘱也有遗嘱人签名，符合形式要件要求。尤其是司法鉴定意见书不被作为证据使用后，就应当认定遗嘱的效力，按照遗嘱继承。为什么法院也不采纳遗嘱，而按照法定继承？

法院认为，乙某提交的署名为"甲某"的《我的遗嘱》在性质上属于代书遗嘱，代书遗嘱应当有两个以上见证人在场见证，由其中一人代书，注明年、月、日，并由代书人、其他见证人和遗嘱人签名。根据庭审查明的事实，该遗嘱的内容部分是复印件，代书人、见证人及"甲某"三个人的签字均是在复印件上签署的，代书人和见证人对该遗嘱的形成过程表述前后不一致。本院认为该代书遗嘱不符合法律规定的形式要件，且见证人、代书人对此不能做出合理的解释，故不将该遗嘱作为认定本案事实的依据。

"该遗嘱的内容部分是复印件"，指的是，遗嘱主文部分。立遗嘱人、代书人、见证人的签字以及年、月、日都是原件。遗嘱的内容部分为什么是复印的？据代书人说，甲某写完后，觉得有些乱，想拿去打印，结果医院附近的文印社不能打印而只能复印，为了代书人、见证人也留存一份，就复印了几份。但回来签字时，发现甲某写字特别困难和吃力，就只签了一份。当时，他们也没有特别注意原件和复印件的差别，随手拿了一份让甲某签字。为此，鉴定意见书在鉴定理由中写道："将检材置于显微镜下观察，铅笔书写检材二字下方'甲某' 2011 年 4 月 19 日字迹和检材右下方最末行的 2011 年 4 月 19 日字迹为黑色签字笔书写，其余字迹均反映为复制形成的痕迹特征。"

可能这还不是问题的关键，关键是代书人在前后两个案子（一个是乙某诉丙某遗嘱继承的案子，司法鉴定出来后，乙某撤诉了；另一个就是本案）出庭作证时"对该遗嘱的形成过程表述前后不一致"。在第一次出庭作证时否认出去复印代书遗嘱的事实；在第二次出庭作证时承认自己曾出去打印写好的遗嘱，不成后再复印的事实。代书人的解释是，在第一次开庭法官问到是否有复印一事时，自己不知道该怎么回答，就没有明确说出去复印这件事。法官认为代书人在开庭时做的解释不合理。"故本院不将该遗嘱作为认定本案事实的依据。"相当于各打五十大板，原告的鉴定意见书我不作为证据，被告的遗嘱我也不作为证据。按照法定继承判决简单、直接。

但我们回过头去看立遗嘱人所立的《我的遗嘱》的内容，是不是可以确信是立遗嘱人的真实意思表示？情真意切，应该是毋庸置疑的。仅仅因为代书人的解释不合理，就否认遗嘱的效力，是否符合法律的规定？

"对该遗嘱的形成过程表述前后不一致"的裁判理由，也值得商榷。代书人出去复印的是已经写好的遗嘱，是对已经写完的遗嘱进行的复印。遗嘱撰写完成，就表明遗嘱的形成过程已经结束。立遗嘱人在签字时是一定要看遗嘱的内容的，尽管是在复印件上签字，也是对遗嘱内容的确认。从《继承法》规定的代书遗嘱的形式要件来看，只需要有两个以上见证人在场见证，由其中一人代书，注明年、月、日，并由代书人、其他见证人和遗嘱人签名即可。遗嘱的内容通过立遗嘱人的签字的真实性加以确认。司法鉴定意见书否认了立遗嘱人签字的真实性，但该证据已经被法院排除，也表明原告没有证据证明立遗嘱人的签名不是本人所签。而且，代书人和见证人两次出庭都证实了是立遗嘱人本人所签。

法院的这份判决让死者难以瞑目和安息，让代书人感到深深的内疚和歉意，让老人爱妻的生活不得安宁。虽然法院最终判决只给养女丙某 10% 的房屋产权，但如何分割呢？如果按份分割，乙和丙还得居住在同一屋檐下。如果货币补偿，根据当时北京房产的市场价，乙某要付给丙某 60 多万元，乙某没有那么多钱，争议房屋也不能上市交易。

所以，这是一场让死者难以瞑目的诉讼。

第五节　司法鉴定的昨日与今朝

本案支持原被告主张的两份关键性证据，一份是原告丙某提交的司法鉴定书，一份是被告乙某提交的遗嘱。这份司法鉴定书显然对被告不利，直接去质证有困难，被告便决定适用《民事诉讼法》第 79 条规定，聘请具有专门知识的人出庭辅助进行质证。但意想不到的事情发生了，鉴定人不同意出庭，理由是该司法鉴定书是为上一个案子做的，不是为本案做的。结果，被告聘请的人，法院也不让出庭，在被告的争取下，法院让其提交了一份书面质证意见。

值得欣慰的是，法院依据《民事诉讼法》第 78 条的规定，认为被告对鉴定意见有异议并申请鉴定人出庭，本院亦认为鉴定人有必要出庭，但经本院通知，鉴定人拒不出庭作证，故本院不将该司法鉴定意见书作为认定本案事实的依据。[①]

在 2012 年民事诉讼法修改之前，鉴定意见被称为鉴定结论。所

[①] 姜丽萍：《试析民事诉讼鉴定证据——由一起民事案例引发的思考》，《中国司法鉴定》2014 年第 2 期，第 87 页。

谓结论,是指对人或事物所下的最后的论断。① 鉴定结论是指具有专门知识或技能的人,接受当事人的委托或接受法院的聘请,利用自己的特长就案件中涉及的专门问题进行分析和判断所做出的结论性的意见。② 这种结论性意见,给人的直觉是通过鉴定所得出的最后论断肯定准确无误,值得信赖,具有不可推翻性。③

在审判实践中,法官对鉴定结论较为依赖,基本上会依据鉴定结论给出的结论认定案件事实,做出判决。那么,拿到对自己有利的鉴定结论这一方当事人,就可以提前庆祝了,因为已经预示了胜利的到来。而另一方当事人则会穷尽一切所能达到重新鉴定的目的,以推翻原有的鉴定结论,这样一来就会出现多头鉴定、多次鉴定的情形,双方当事人这时似乎已经忘记了双方争议的事实问题,鉴定成为他们新的争议焦点。拼的结果就是,浪费了大量的金钱和时间。

在"鉴定结论"时期,鉴定人很少出席法庭,接受法庭质证。鉴定人不出席法庭接受质证,可能导致鉴定结论无法经过有效审查,会使鉴定结论的可靠性与真实性大打折扣。依据这种不可靠、不确信的证据定案,势必会增加错案发生的可能性。鉴定人不出席法庭接受质证,导致诉讼双方当事人询问与反询问的权利被剥夺,损害了诉讼程序的正义性。鉴定人不出席法庭接受质证也有违直接言词审理原则。

"鉴定结论"这一证据形式暴露出的弊端,在学界早有研究提

---

① 中国社会科学院语言研究所词典编辑室编:《现代汉语词典》,商务印书馆1996年第9版,第646页。
② 刘家兴、潘剑锋主编:《民事诉讼法学教程》,北京大学出版社2010年版,第154页。
③ 姜丽萍:《试析民事诉讼鉴定证据——由一起民事案例引发的思考》,《中国司法鉴定》2014年第2期,第87—88页。

出，司法实践中，最高人民法院也用司法解释的方式不断加以规范。具有代表性的是2002年的《最高人民法院关于民事诉讼证据的若干规定》中对司法鉴定的解释性规定，缓解了司法鉴定完全由法院主导的局面。直到2012年《民事诉讼法》修改时鉴定证据存在的弊端和不足，才从根本上解决。

首先，将鉴定结论改成鉴定意见；其次，将具有专门知识的人改成具备资格的鉴定人；第三，将鉴定人的选择由法院指定，改成由双方当事人协商，或协商不成的，由人民法院指定；第四，对鉴定人的权利义务做出明确的规定，即鉴定人有权了解进行鉴定所需要的案件材料，必要时可以询问当事人、证人。鉴定人应当提出书面鉴定意见，在鉴定书上签名或者盖章。当事人对鉴定意见有异议或者人民法院认为鉴定人有必要出庭的，鉴定人应当出庭作证。经人民法院通知，鉴定人拒不出庭作证的，鉴定意见不得作为认定事实的根据；支付鉴定费用的当事人可以要求返还鉴定费用。同时规定了当事人可以申请人民法院通知有专门知识的人出庭，就鉴定人做出的鉴定意见或者专业问题提出意见。①

本研习案例中的案件，法院审理时，正值2012年《民事诉讼法》修改生效后。为此，被告依据《民事诉讼法》新的规定，申请鉴定人出庭，并聘请了物证鉴定中心的笔记鉴定专家出庭对鉴定意见进行质证。然而，鉴定人以是给上一个案件做的鉴定为由拒绝出庭。被告的意见则是，鉴定意见为证据的一种，既然作为证据使用，不管是为哪个案件做的鉴定，鉴定人依法就有义务出庭，接受质证。法院经过两次通知，鉴定人都拒不出庭，最后法院因鉴定人拒绝出

---

① 《民事诉讼法》第78、79条。

庭，将鉴定意见不作为认定事实的根据，予以排除。

但实际上，在当时，被告很担心的一件事是，如果鉴定人出庭接受了质证，那么质证意见算什么？能否直接推翻鉴定意见，还是重新申请鉴定？这些问题直到 2015 年最高人民法院关于《民事诉讼法》的司法解释才予以解决，即具有专门知识人的出庭的质证意见视为当事人陈述，确定了质证意见的证据效力。

鉴定人不出庭接受质证的真正理由是什么我们不得而知，但被告人坚持让鉴定人出庭的理由是，在走访了多个鉴定机构后，给出的结论是，鉴定人在鉴定时没有考虑立遗嘱人在遗嘱上签字时的身体状况，被告才下决心聘请专家辅助证明人出庭质证。

"鉴定结论"改为"鉴定意见"，强调双方当事人在诉讼中的主体地位和积极作用，并以平等对抗的方式推进诉讼进程，由中立的法官居中裁判，其意义是不言而喻的。

六、本研习案例给予我们的启示

如果你未来是一名律师，应再仔细认真点。如果在乙某诉丙某遗嘱继承纠纷的案件中，代理律师看出遗嘱的内容是复印的，就不会出现代书人在两次开庭时所说不一致的情况。代书人在把遗嘱交给乙某时，自己也没有注意到是复印件，所以在开庭时必然会因慌张而无法准确应答。

如果你是未来的法官，再仔细认真地研究一下，根据基础事实产生内心确信，还原遗嘱的事实状态，判决遗嘱继承，可能就不会违背死者生前的意愿了。

如果你是未来的鉴定人，再认真负责些，不要让鉴定出现错误，可以大大提高诉讼效率，降低诉讼成本。

如果你是代书人，再细心些，就不会好心办坏事。因为代书遗嘱一旦出现失误或错误，是无法弥补的。其实，遗嘱手而非不打印更真实，法律效力更高。

面对正在读书的法科生，研习案例后，除了要获取知识、经验外，提高能力更重要，以便在未来的法律职业生涯中有一个更高的起点。

第四章

财产损害赔偿纠纷

　　亲情宝贵，还是金钱重要？按照常理来说，亲情远远比金钱重要得多。但是，当前很多场景却暴露出丑陋的人性。法官和律师是站在检验人性与金钱边界线的人，法官依据事实（实为证据）和法律维护国家的公正，律师依据事实（实为证据）和法律维护当事人的合法权益。法官和律师看到更多丑陋的心灵和丑陋的人性，难怪有律师得出"（恶性）案件的当事人（实为加害人）没好人，好人不会害人"的结论。其实，归根结底在于人在"义"和"利"之间的取舍，在于人性与兽性之间的取舍。

　　有时自己在想，做律师真的需要有一颗强大的心脏和坚强的意志品质，因为很多你觉得不可能的事，偏偏就发生了。血肉亲情、忠肝义胆，这些被认为是做人应有的品质，但在律师遇到的一些案件中，却被打碎、被颠覆。一奶同胞的亲兄弟，因为弟弟想要哥哥家院子里的一块地，哥哥不同意给，就不断用打官司的方式与哥哥产生矛盾，后哥哥因生气而病死，弟弟却没有一点痛感和一丝愧疚。

　　下面就是一例因兄弟争夺财产而产生纠纷的案件。

第一节 弟兄间的纠纷

本研习案例,就是一起发生在农村的、住在前后院的弟兄之间产生的纠纷。①

经法院审理查明的案件事实是:原告李某华与李某红系兄弟关系,被告任某芬与李某红系夫妻关系,被告李某1、李某2、李某3系李某红与任某芬之女。原被告两家南北相邻居住,原告居南,被告居北。2016年11月,李某华以李某红家自来水管线崩裂浸泡了自家北房为由,将李某红诉至本院。诉讼中,李某红认为村委会对自己家中自来水管崩裂造成李某华房屋受损亦应承担责任,要求追加村委会为共同被告,李某华表示同意。本院依法追加某村民委员会为本案共同被告。审理中,李某华向本院提出申请,要求对自家房屋、院落损失原因进行司法鉴定。本院依法委托某建筑工程研究院建设工程质量司法鉴定中心对李某华房屋、院落受损原因进行评定。因被告家中漏水点已经维修,鉴定中心认为不具备鉴定条件,故本院决定终止本次鉴定。李某华要求对自家房屋、院墙、地面修复方案进行司法鉴定。本院依法委托某建筑工程研究院建设工程质量司法鉴定中心对李某华居住的张某镇下某村三区2号(以下简称三区2号)院房屋、院墙、地面修复方案进行鉴定。本院依据李某华的鉴定申请,依法委托某建基业工程管理有限公司对李某华院落中房屋、院墙、地面的修复价格进行司法评估。该评估公司于2018年1月15

---

① 研习案例来源于中国法律裁判文书网。

日出具评估报告，鉴定结果为：三区 2 号院房屋、院墙、地面修复鉴定造价为：136871.5 元。2018 年 4 月 12 日，本院致函某建筑工程研究院建设工程质量司法鉴定中心，要求该中心对其做出的三区 2 号房屋、院墙、地面的修复方案是否考虑到李某华房屋院落建造年限、自然条件等因素引起的破损情况予以说明。该中心于 2018 年 4 月 23 日回函说明：我中心出具的修复方案考虑了建造年限、自然条件等因素对涉案房屋及棚子造成的破损情况。

另，诉讼中，李某红因病去世，李某华申请追加任某芬、李某1、李某2、李某3 为被告。本院依法追加 4 被告参加诉讼。

另查，原告李某华曾以物权保护纠纷为由将李某红诉至本院。本院以（2015）房民初字第 03502 号民事判决书判决：一、被告李某红于本判决生效后十日内将其堆放在原告李某华房后的渣土清除，保持排水畅通。二、被告李某红于本判决生效之日起十日内赔偿原告李某华经济损失 1.5035 万元。李某红不服判决提起上诉。中级人民法院以（2016）京 02 民终 6881 号民事判决书判决维持原判。现判决第二项尚未执行，原告李某华对房屋未曾修缮。

仔细研读案例事实，分析判断整个事实过程。"以当事人的处境及利害关系去探究当事人间的权利义务关系。"[①] 一方的权利对应着另一方的义务。

从以上案例事实可以看出，原被告双方之间的权利义务的基础法律关系是民事侵权法律关系。本案例所适用的实体法为《侵权责任法》。

---

① 王泽鉴：《民法思维》，北京大学出版社 2009 年版，第 21 页。

第二节　案例事实的证明

一、当事人陈述

原告诉称，发现自家北房西墙外地基出水，第一时间找到村委会查找出水点。后发现出水点在被告家院里，而出水是被告家自来水管破裂造成的。因被告家水管破裂，原告房屋严重受损。

被告辩称：1. 原告未能提供证据证明被告有加害行为；2. 原告房屋的现状是长期无人居住、年久失修造成的。鉴定机关的房屋修复方案及根据修复方案提出的修复价格均不是对损害事实的证明；3. 原告未提供加害行为与损害事实之间有因果关系的证据；4. 原告未提供证据证明被告主观上有过错；5. 鉴定意见书存在一定错误，不能作为证据。

二、照片

照片作为证据，属于视听资料证据形式。

原告李某华为证明自家房屋受损是因李某红家自来水管线崩裂浸泡所致，向法庭提供的证据有现场照片20张。被告否认其真实性与关联性。另一被告村委会认可其真实性。

被告为否认原告的诉讼主张向法庭提供现场照片10张，证明原告房屋未做防水、保温、年久失修、无人居住。原告不认可其真实性。另一被告村委会未发表质证意见。

三、鉴定意见与评估报告

为证明损失的程度及修复的费用，原告申请某建筑工程研究院建设工程质量司法鉴定中心对李某华居住的张某镇下某村三区 2 号（以下简称三区 2 号）院房屋、院墙、地面修复方案进行鉴定；某建基业工程管理有限公司对李某华院落中房屋、院墙、地面的修复价格进行司法评估。该评估公司于 2018 年 1 月 15 日出具评估报告，鉴定结果为：三区 2 号院房屋、院墙、地面修复鉴定造价为 136871.5 元。被告认可真实性，但不认可其证明目的，认为该损失与被告无关。另一被告村委会未发表质证意见。

四、物证

被告向法庭提供的破裂水管一节，水管属性为硬塑料。证明水管是自然破裂，破裂口很细小，造成距离十几米远的原告家房屋被浸泡的可能性不存在。原告与另一被告村委会不认可其真实性。

五、法院调查收集的证据

1. 村委会管理水的工作人员江某的谈话笔录证实：2008 年村里统一安装自来水管线。现在有几家水管漏水都是自己连接的，被告家水管也是自己连接的，应该是水管老化所致。原告与村委会没有意见。被告质证时提出：第一，不属于法院依职权调取证据的范围，违反了民事诉讼法的规定；第二，江某属于证人，应作为证人出庭作证，接受双方当事人的质询；第三，江某是村委会管理水的工作人员，与村委会之间存在利害关系，对村委会不利事实部分的证言不具有真实性；第四，江某称"水管老化所致"的事实与被告提供的物证所证实的事实一致。

2. 本院致函某建筑工程研究院建设工程质量司法鉴定中心，要求该中心对其做出的三区2号房屋、院墙、地面的修复方案是否考虑到李某华房屋院落建造年限、自然条件等因素引起的破损情况予以说明。该中心于2018年4月23日回函说明：我中心出具的修复方案考虑了建造年限、自然条件等因素对涉案房屋及棚子造成的破损情况。原告与另一被告村委会没有意见。被告质证意见为：第一，不认可真实性，因为在鉴定意见书中没有写明上述事实。如果否认了这一事实，就等于推翻了自己做出的鉴定意见书。第二，法院的调查取证行为违反了公平以及法院中立审判原则，因为该证据是对被告不利的证据。

第三节　案例裁判理由与裁判结果

本院认为：侵害民事权益，应当承担侵权责任。本案中，被告家自来水管线崩漏，浸泡了原告的房屋，导致原告房屋受损，应承担赔偿责任。任某芬、李某1、李某2、李某3作为李某红法定继承人在李某红遗产范围内对李某华房屋受损所产生的修复费用负有赔偿责任。村民委员会对李某华房屋受损不存在过错，不应承担赔偿责任。李某华房屋受损产生的修复费用应减去（2015）房民初字第03502号判决主文第二项的数额。综上，原告的诉讼请求合理部分应予支持。依照《中华人民共和国侵权责任法》第二条、第三条、第十五条及《中华人民共和国继承法》第三十三条之规定，判决如下：

（一）被告任某芬、李某1、李某2、李某3于本判决生效后十日内赔偿原告李某华经济损失十二万一千八百三十六元五角。

（二）驳回原告李某华其他诉讼请求。

第四节 缺失因果关系和过错的"侵权责任"

研习案例判决，之所以缺失对因果关系和过错进行评价，是因为该判决直接适用《侵权责任法》第2条规定，即侵害民事权益，应当依照本法承担侵权责任。本法所称民事权益，包括生命权、健康权、姓名权、名誉权、荣誉权、肖像权、隐私权、婚姻自主权、监护权、所有权、用益物权、担保物权、著作权、专利权、商标专用权、发现权、股权、继承权等人身、财产权益。

《侵权责任法》第2条的规定是一般规定，是侵权责任法保护的民事权利范围，不是应当承担赔偿责任的法律依据，所以研习案例中法院的判决在适用法律上存在错误。

侵权责任纠纷案件是民事检察监督中占比较高的一类，民事检察官审查案件时需要面对的关键点是：民事主体在什么条件下承担侵权责任？概括而言，有两方面条件，首先是实体法条件：一是案件适用的侵权责任归责原则是什么，是否考虑过错有无？二是责任构成的其他要件，损害事实、行为、因果关系；三是是否存在免责、减轻责任事由。其次是程序法条件：一是侵权责任构成要件是否有证据证明？二是证明是否达到证明标准？三是裁判者能否形成确信?① 程序法的条件我们将在后面详述。

也有学者指出,因为在侵权责任法里,过错几乎成为最核心的要素。例如,我们认为侵权责任法有两大归责,过错责任和无过错责任。实行过错责任的侵权责任的构成要件是一般侵权责任构成要件,包括过错、加害行为、损害事实和因果关系。②

根据我国《侵权责任法》第6条第1款的规定,"行为人因过错侵害他人民事权益,应当承担侵权责任"。从该条规定来看,侵权人承担赔偿责任应当具备三个要件:一是必须有过错;二是要有因果关系,所谓"因过错侵害",表明的是因果关系的存在;三是要有侵害他人民事权益的后果。③

这样,在过错和过错推定责任中适用的构成要件便从四要件转化为三要件。这三要件是:损害事实、因果关系、过错。过错为归责的最终构成要件。④

无论侵权责任的构成要件是"四要件说",还有"三要件说",都包含因果关系和过错两个重要的构成要件。

因果关系是指,被侵权人请求侵权人承担侵权责任,应当证明行为人的加害行为以及他人的行为或者行为人对其管领的物未尽必要注意的行为与损害之间存在引起与被引起的因果关系。⑤

过错是指《侵权责任法》第6条规定的过错,包括故意和过失。

---

① 张剑文:《侵权案件审查重点及方法》,《中国检察官》2017年第6期,第37页。
② 李学成、王丰民:《侵权法上"过错"的困惑和思考》,《现代经济信息》2011年第2期,第200页。
③ 王利明:《我国〈侵权责任法〉采纳了违法性要件吗?》,《中外法学》2012年第1期,第13页。
④ 王利明:《我国〈侵权责任法〉采纳了违法性要件吗?》,《中外法学》2012年第1期,第16页。
⑤ 最新侵权责任法司法解释全文,大律师网,2018年5月29日。

故意，是指行为人有意致人损害，或者明知其行为会造成损害仍实施加害行为。过失是指行为人因疏忽或者懈怠而未尽合理注意义务。行为人由于疏忽或者懈怠，未尽到普通人应当尽到的通常的注意义务，为重大过失。①

一句简单的"被告家自来水管线崩漏，浸泡了原告的房屋，造成原告房屋受损"，被告就"应承担赔偿责任"的判决，被告自然不能接受。提起上诉后，二审法院竟然维持了原判决。

二审法院判决认为，法律规定，侵害物权，造成权利人损害的，权利人可以请求损害赔偿，也可以请求承担其他民事责任。本案中，从相关证据可以证明的事实是，任某、李某1、李某2、李某3家自来水管线崩漏，浸泡了李某华的房屋，造成李某华房屋受损，应承担赔偿责任。

二审与一审判决的不同之处是，二审将案件性质归结为侵害物权，似乎是要回避过错这一构成要件。因为物权请求权原则上不考虑相对人是否有过错，受害人只需证明侵害或妨害的存在。但物权请求权的实现或物权性民事责任的承担，权利人无需证明行为人主观上有过错。因为权利人仅仅要求将受到妨害的物权恢复到其完满状态，而受害人欲请求行为人损害赔偿，则应证明其实施侵权行为时主观有过错。还是无法回避过错这一构成要件。

那么，二审法院是否是可以主动改变请求权行使方式？

在很多情况下，行为人侵害和妨害物权的行为，既符合物权请求权的构成要件，又符合损害赔偿请求权的构成要件，此时，即发生物权请求权与损害赔偿请求权的竞合。在上述两种请求权竞合的

---

① 最新侵权责任法司法解释全文，大律师网，2018年5月29日。

情况下，物权人可以行使选择权。如在物权遭受侵害的情况下，物权人可综合利用物权请求权和损害赔偿请求权来保护自己的物权。物权请求权和损害赔偿请求权在相互关系上可以发生责任竞合，具体如何实现权利，当事人可选择，既可选择一种方式行使，也可选择多种方式行使。

为此，法院不能主动代替当事人选择或行使请求权。

在一审时，原告李某华行使的是因侵权行为而产生的财产损害赔偿请求权，一审法院也是依据侵权责任法作出的判决。二审法院主动将因侵权行为而产生的财产损害赔偿请求权转换为物权请求权进行审理并做出判决，是错误的，违反了"不告不理"原则。所以，二审法院在判决主文中没有写应当适用的实体法。

在该案的判决中，一、二审法院法官的价值取向出了问题。认为原告的损失总得有人承担，村委会没有过错不用承担，正好查到被告李某红家的水管坏了漏水，那就李某红承担了。

民事侵权责任中的因果关系、过错的研究在学术界应该说是深入骨髓，可是在这起案件中，一、二审人民法院的判决，都避开了过错和因果关系的适用，实在令人意外。虽然说，理论与实践存在差距，但在本案中，不是差距问题，是一、二审法院的法官有意避开了因果关系、过错的适用。如果抛开法外因素的话，就是法官的审判能力、知识水平存在问题。有意思的是，二审法院一方面提出本案属于侵害物权，以物权法律规范作为请求权的基础；另一方面又认可一审法院确定被告任某芬、李某1、李某2、李某3承担赔偿责任并无不当，一审判决认定事实清楚，适用法律正确，应予维持。一审法院判决适用的是"《中华人民共和国侵权责任法》第二条、第三条、第十五条"。《侵权责任法》第3条规定："被侵权人有权请求侵权人承担侵权责任。"就是前面提到的原告是依据侵权责任法行使的请求权。换句话说，原告行使请求权的基础是侵权责任法律规范，而不是行使的物权请求权。

二审法院一方面提出，"法律还规定，侵害物权，造成权利人损害的，权利人可以请求损害赔偿，也可以请求承担其他民事责任"，另一方面又赞同一审法院做出判决的事实认定以及法律适用。

本研习案例，在实体法上事实的认定中，缺失因果关系和过错，无论是从侵权责任法的角度，还是从物权法的角度，侵权赔偿责任都不能成立。

第四节 研习案例证明责任的理论与实践

世人都知道："打官司，就是打证据。"用证据证明案件事实，是现代司法的一项重要诉讼制度。用证据证明案件事实的原因在于：第一，双方当事人对案件事实存在争议，甲说东，乙说西；甲说黑，乙说白。是东，是西；是黑，是白，法官没有亲身经历。第二，用证据还原和再现争议事实，使法官分清是非或产生内心确信。

一、举证责任、证明责任与举证证明责任

我国学术界一般用证明责任这一概念，而在我国法律、最高人民法院以往的司法解释中用的则是"举证责任"这一概念；在2015年2月颁布的《民诉法解释》中，最高人民法院首次用了"举证证明责任"这一新概念。之所以用这个概念，是想要把这两种责任统

一起来。①

证明责任最初是德国民事诉讼法的术语,后经日本传入中国。

民事证明责任在民事诉讼中居于枢纽地位,它既是实体法与程序法交汇的主战场,也是法院裁判中法律表达与法律实践碰撞的最为激烈的领域。"证明责任乃诉讼的脊梁"这一法谚道出了证明责任的重要性。②

证明责任,又称举证责任,指作为裁判基础的法律要件事实在作出裁判前处于真伪不明状态时,当事人一方因此而承担的裁判上的不利后果。对当事人来说,证明责任实际上存在败诉的风险,哪一方当事人对要件事实负证明责任,哪一方当事人就负担因事实真伪不明引起的败诉风险。③ 证明责任有以下几方面特征:

1. 证明责任是一种不利的后果,该种后果只有在作为裁判基础的法律要件事实处于真伪不明的状态时才发生作用。

2. 证明责任发生的前提是待证事实真伪不明。如果作为裁判基础的事实是确定的,即法官能够确信案件事实存在或不存在,则不会发生承担证明责任的后果,法官只需按照案件事实作出裁判即可。所谓"真伪不明",其作为一种状态,是指因为当事人没有证据或虽有证据,但不能证明使法官能够确信该待证事实存在。在法官无法确定作为裁判基础的事实是否存在时,其就需要考虑根据法律的规定应当由谁来承担因为该事实不明所带来的不利后果。

3. 证明责任的承担主体具有特定性,即只能是当事人,法院不是承担证明责任的主体。此外,对于同一事实,证明责任只能由一

---

① 李浩著:《民事诉讼法学》,法律出版社2016年版,第173页。
② 肖建国、包建华:《证明责任——事实判断的辅助方法》,北京大学出版社2012年版,第1页。
③ 李浩著:《民事诉讼法学》,法律出版社2016年版,第173页。

方当事人承担，而不可能由双方当事人各自承担。

4. 证明责任由哪一方当事人承担是由法律、法规或司法解释预先规定的，因此在诉讼中不存在原告与被告之间相互转移证明责任的问题。

5. 证明责任是一种拟制或假定。拟制或假定负有证明责任的当事人没有能够证明时，该事实不存在，并依此让负有证明责任的当事人承担不利后果。但不能证明并不等于该事实就真的不存在。因此，证明责任规则的适用应当是在法官穷尽了所有的证据方法之后，仍然不能作出该事实存在与否的判断时才能适用。

6. 无论是在辩论主义的诉讼模式中，抑或职权主义的诉讼模式中均存在证明责任。也就是说，无论由当事人承担行为意义上的证明责任，还是由法官依职权调取证据，在案件事实依然真伪不明的情况下，都只能根据证明责任的规则来做出裁判。①

证明责任包括行为意义上的证明责任和结果意义上的证明责任。在 2002 年最高人民法院出台《关于民事诉讼证据的若干规定》的司法解释前，证明责任被称为只是行为意义上的证明责任，强调的是当事人提供证据的责任，大量的证据收集工作都依赖于法院，有句口号是"当事人一张嘴，法官跑断腿"。这样的做法只能适用于民事纠纷不复杂、案件数量不多的社会时期。

随着民事案件日益复杂，当事人之间的矛盾更加尖锐，案件数量逐年增多，我国进行司法改革，目标是，更加注重程序的公正和效率价值。民事诉讼法在其完善过程中，明确了证明责任的性质，

---

① 刘家兴、潘剑锋主编：《民事诉讼法学教程》，北京大学出版社 2013 年版，第 150—151 页。

增加规定了结果意义上的证明责任。① 到了 2015 年，最高人民法院关于民事诉讼法的司法解释将行为意义上的证明责任和结果意义上的证明责任结合起来。② 行为意义上的证明责任也称为主观证明责任；结果意义上的证明责任也称为客观证明责任。2015 年的司法解释将主观证明责任和客观证明责任结合了起来，同时规定，在做出判决前，当事人未能提供证据或者证据不足以证明其事实主张的，由负有举证证明责任的当事人承担不利的后果。表明在举证时限上也发生了变化，从随时提出主义（2002 年司法解释前），到限时提出主义（2002 年司法解释后），再到事实提出主义（2015 年司法解释）。给予当事人充分的提供证据的时间，在做出判决前，未能提供证据或不足以证明其事实主张的，由负有举证证明责任的当事人承担不利的后果。

行为意义上的证明责任与结果意义上的证明责任的区别：

1. 作用不同。行为意义上的证明责任是当事人对自己提出主张的支持；结果意义上的证明责任是须承担败诉风险的；

2. 作用时间不同。行为意义上的证明责任贯穿诉讼始终；结果意义上的证明责任在事实真伪不明时运用；

3. 责任转换不同。行为意义上的证明责任，因是提供证据的责任，为此，责任不停地在双方当事人间转换；结果意义上的证明责任，因是结果责任，为此，责任不可转换。法律规定由哪一方承担，

---

① 《最高人民法院关于民事诉讼证据的若干规定》第 2 条：当事人对自己提出的诉讼请求所依据的事实或者反驳对方诉讼请求所依据的事实有责任提供证据加以证明。没有证据或者证据不足以证明当事人的事实主张的，由负有举证责任的当事人承担不利后果。

② 最高人民法院关于适用《中华人民共和国民事诉讼法》的解释第 90 条：当事人对自己提出的诉讼请求所依据的事实或者反驳对方诉讼请求所依据的事实，应当提供证据加以证明，但法律另有规定的除外。在做出判决前，当事人未能提供证据或者证据不足以证明其事实主张的，由负有举证证明责任的当事人承担不利的后果。

就由哪一方承担,不可以转换。

二、证明责任分配与证明标准

证明责任的分配,是指按照一定的标准,将法律要件事实真伪不明时承受不利裁判后果的风险,预先在当事人之间进行分配。

证明责任分配的核心问题是应当按照什么样的标准来分配证明责任,如何分配证明责任才既符合公平、正义的要求,又能使诉讼较为迅速地完成。证明责任的分配,既要从宏观上确立适用于各类诉讼的分配证明责任的原则,又要从微观上解决具体个案中的证明责任的公平分配。[①]

证明责任的分配在民事诉讼理论中具有争议。在众多学说中,我国理论界的主流观点采纳了罗森贝克法律要件分类说的观点。[②] 最高人民法院司法解释关于证明责任分配规则也是以该理论为基础。其内容为:人民法院应当依照下列原则确定举证证明责任的承担,但法律另有规定的除外:主张法律关系存在的当事人,应当对产生该法律关系的基本事实承担举证证明责任;主张法律关系变更、消灭或者权利受到妨害的当事人,应当对该法律关系变更、消灭或者权利受到妨害的基本事实承担举证证明责任。[③] "法律另有规定的除外"但书部分,是指属于证明责任特殊分配规则的要件事实的证明责任的分配,依据其所适用的法律规定。

在诉讼中负有证明责任的主体对案件事实加以证明所要达到的

[①] 李浩著:《民事诉讼法学》,法律出版社2016年版,第175页。
[②] 罗森贝克(Rosenberg)是最负盛名的研究证明责任的学者,早在1900年就出版了传世之作《证明责任论》。
[③] 最高人民法院关于适用《中华人民共和国民事诉讼法》的解释第91条。

程度，就是证明标准。证明标准以证明责任的存在为基础，是落实证明责任的重要标准。有争议的法律要件事实的证明责任确定由一方当事人负担后，随之而来的问题就是当事人对该事实的证明要达到何种程度。

根据《民诉法解释》第108、109条的规定，① 民事诉讼中的证明标准分为两种——高度盖然性和排除合理怀疑。前者适用于民事诉讼中的通常情形，后者适用于欺诈、胁迫、恶意串通、口头遗嘱、赠与这些特殊事实的证明。②

盖然性作为证明标准是于20世纪50年代出现在证据法领域的，大陆法系国家更强调"高度盖然性"标准，英美法系国家则强调"盖然性占优势"。

以盖然性说，在待证事实不明的情况下，该待证事实依据人类的生活经验及统计数据来衡量，如果其发生盖然性程度较高，则主张该事实发生的当事人不负证明责任，而应由相对人就该事实不发生进行举证。因为在事实不明而当事人又无法举证的情况下，法院认定盖然性较高的事实发生，远比认定盖然性较低的事实发生更能接近真实而避免错误的判决。

---

① 最高人民法院关于适用《中华人民共和国民事诉讼法》的解释第108条："对负有举证证明责任的当事人提供的证据，人民法院经审查并结合相关事实，确信待证事实的存在具有高度可能性的，应当认定该事实存在。对一方当事人为反驳负有举证证明责任的当事人所主张事实而提供的证据，人民法院经审查并结合相关事实，认为待证事实真伪不明的，应当认定该事实不存在。法律对于待证事实所应达到的证明标准另有规定的，从其规定。"第109条："当事人对欺诈、胁迫、恶意串通事实的证明，以及对口头遗嘱或者赠与事实的证明，人民法院确信该待证事实存在的可能性能够排除合理怀疑的，应当认定该事实存在。"

② 李浩著：《民事诉讼法学》，法律出版社2016年版，第187页。

三、研习案例证明责任的实践

在前文案件事实的证明部分，阐释了本研习案例的所有证据。按照上文证明责任的理论，对照法院判决事实的认定，我们会发现，存在实践与理论和法律规定不符。

案例中，原告主张的要件事实是，自家房屋被水浸泡，严重受损。原告请求权的基础法律规范是侵权责任法，提起的是财产损害赔偿诉讼。

根据侵权责任法的构成要件，原告应对以下事实提供证据证明：1. 行为人的行为违反法定义务、违反保护他人的法律或者故意违背善良风俗，具有违法性；2. 受害人的人身或财产受到实际损害；3. 行为人的侵权行为与损害之间具有因果关系；4. 行为人具有故意或过失。

原告提供的证据有：照片，证明发现自家北房西墙外地基出水的事实，因模糊不清，被告否认真实性。建筑工程研究院建设工程质量司法鉴定中心的司法鉴定书和《工程造价鉴定意见书》，证明损害事实。

被告质证时指出鉴定书存在以下错误。首先，对被告家院子的拍摄是站在原告家的房屋顶上进行的，侵犯了被告家的隐私权。民诉法司法解释第106条规定："对以严重侵害他人合法权益、违反法律禁止性规定或者严重违背公序良俗的方法形成或者获取的证据，不得作为认定案件事实的根据。"其次，鉴定意见书图示中的出水点的表述不正确，这里是被告家院里自来水的水龙头处。具有主观倾向性。第三，鉴定意见书中写道："泡水导致涉案房屋地基存在一定量的不均匀沉降。"鉴定意见书中所附的照片所谓受损处，没有泡水的迹象。"泡水"，从经验法则上来判断，这个水得相当大，而且在鉴定时得是现实的存在，否则，应当表述为"泡水的痕迹"。同样是在鉴定意见书中，又写道："由于涉案房屋回填土可能被水泡过，室内地面存在沉降的情况。"与上面的事实描述相矛盾。到底有没有被水泡过？第四，该份证据并未证明所谓"泡水"的水的来源。

同时，被告质证指出，两份鉴定意见书都不是损害事实的证明，认为应是长期无人居住、年久失修的现状。

原告曾就是否存在因果关系申请鉴定，鉴定机构未接受委托，理由是条件不具备，无法鉴定因果关系。

还有一个案件事实是，原被告所在的大队在排查时发现了被告家院子里自来水的一个塑料地埋管有裂缝，并进行了更换和维修。

从原告提供的证据来看，原告未完成举证证明责任。第一，被告的违法性证明没有证据证明。第二，原告的财产是否受到实际损害，虽有两份鉴定意见书证据，但因被告提出质疑，认为与损害事实的证明不具有关联性，为此，需要进一步加以证明。第三，没有因果关系的证据。第四，没有证据证明被告有过错。在作出判决前，原告未能提供证据或者证据不足以证明其事实主张的，由负有举证证明责任的原告承担不利的后果。因此，法院应依法判决驳回原告的诉讼请求。但遗憾的是，一审法院没有这样判。在帮助原告"补强"证据后，判决被告败诉。

一审法院依职权调取的证据：一是村委会管理水的工作人员江某的谈话笔录。笔录内容是：2008年村里统一安装自来水管线。现在有几家水管漏水都是自己连接的，被告家水管也是自己连接的，应该是水管老化所致。被告称是大队统一安装的水管，包括院子里的。水管安装的事实有争议，在没有其他证据印证的情况下，法院采纳了村委会管理水的工作人员江某的谈话中所述事实，没有事实根据，而且村委会是本案被告之一。

二是致函某建筑工程研究院建设工程质量司法鉴定中心，要求该中心对其做出的三区2号房屋、院墙、地面的修复方案是否考虑到李某华房屋院落建造年限、自然条件等因素引起的破损情况予以说明。该中心于2018年4月23日回函说明：我中心出具的修复方案考虑了建造年限、自然条件等因素对涉案房屋及棚子造成的破损情况。被告否认真实性，因为在鉴定意见书中没有写明。如果回答说没有，相当于鉴定意见是错误的，鉴定中心不可能回答说，没有考虑。

民事诉讼法规定，当事人及其诉讼代理人因客观原因不能自行收集的证据，或者人民法院认为审理案件需要的证据，人民法院应当调查收集。① 最高人民法院《民诉法解释》对民事诉讼法第64条第2款规定的当事人及其诉讼代理人因客观原因不能自行收集的证据包括：证据由国家有关部门保存，当事人及其诉讼代理人无权查阅调取的；涉及国家秘密、商业秘密或者个人隐私的；当事人及其诉讼代理人因客观原因不能自行收集的其他证据。② 一审法院依职权调取证据的行为，不符合法律规定，且违反中立裁判原则。

二审人民法院在改变请求权基础法律规范为物权法律规范后，将举证证明责任转移到被告，判决依据为：我国法律规定，当事

---

① 《民事诉讼法》第64条第2款。
② 最高人民法院关于适用《中华人民共和国民事诉讼法》的解释第94条。

人对自己提出的诉讼请求所依据的事实有责任提供证据加以证明，没有证据或证据不足以证明其事实主张的，由负有举证责任的当事人承担不利后果。被告一方的上诉请求不能成立，应予驳回。

第五节　本研习案例给予我们的启示

　　侵权类案件比较复杂，社会影响往往很大。关于过错，因果关系以及如何证明，尽管在民法、民事诉讼法理论上的研究已经非常深入，但在实践中，适用起来仍有一定的难度。法官有时还是愿意凭借经验判案，如前院家发现自己家房子被水"浸泡"了，正好发现后院家院子里的水管"崩漏"（但在本案例中，就"浸泡"和"崩漏"的事实都未查清，没有证据证明。被告在法庭提供了拆下来的一根塑料管证明水管有一个裂缝，不是崩漏。原告不认可，但又未提供证据证明是怎么崩漏的），后院的被告就应赔偿前院家原告的经济损失。被告不会服讼息判的，因为案件事实并未查清。

　　如果你是未来的法官，判案时，不能这么随性。

　　英国哲学家弗兰西斯·培根曾指出，作为法官，应当具有高度的修养。他们应当富有知识而不应机敏多变，应当持重庄严而不是热情奔放，应当谨慎小心而不是刚愎自用。我们应当懂得，一次不公正的审判，其恶果甚至超过十次犯罪。因为犯罪虽是无视法律——好比污染了水流，而不公正的审判则毁坏法律——好比污染了水源。

　　原本当事人提起上诉，期待上一级人法院会做出更具说服力的公正判决，结果让当事人大失所望，申诉是必然的。两级人民法院的判决未能通过解决纠纷化解矛盾，致使矛盾继续上升。

这一案例启示我们：提高法律职业者素质，排除干扰，崇尚法律，不忘使命担当，需不断努力学习，反复实践。

第五章

股 权 纠 纷

完善市场经济是我国经济生活的重中之重,而如何健全公司治理和加强股东权利保护则是完善市场经济的关键一环。但是,当事人基于传统的情感惯性,往往导致人情社会与市场经济的严重冲突。

第一节 同学共同创业起纷争[①]

2004年,北京某大学毕业的几个同学商议共同创业,成立了一家数字存储科技有限公司(以下简称数字存储公司)。公司于2004年5月正式成立,注册资本为90万元人民币,由祝某、熊某、张某、胡某、唐某、李某、严某7位自然人投资。公司成立时,创始股东们商定技术股占总股本的30%,技术团队无形资产为39万元人民币。为简化公司注册,全部采用现金出资,李某实际出资10万元人民币,注册资金7万元,占7.78%。李某是数字存储公司的创始

---

① 案例来源于中国法律文书裁判网。

股东，实际出资人。

2011年6月的一天，祝某找到李某的丈夫张某1说给他10万股的钱，60多万元。张某1问是什么钱？祝某说你不用问，更不用知道，给你钱你就拿着，算是10万股的最终了结。张某1回家跟李某说后，李某基于对祝某的了解，认为事情肯定没这么简单，于是委托律师到工商行政管理局调取工商登记信息。

经查，工商登记资料显示，2006年3月22日，公司召开第四届第二次股东会，股东会决议内容有三项，其中两项为：第一，增加股东张某、周某。第二，转让出资，股东胡某、李某、唐某愿意转让自己的出资。胡某、李某的出资转让给张某，唐某的出资转让给周某。公司的股东变更为祝某、熊某、严某、张某、周某五人。

网上查到，2011年这家数字存储公司已经被康海威视数字技术股份有限公司收购。这也是祝某找李某了结股份之事的原因。

李某和其丈夫张某1（张某1与祝某和张某是大学同学，成立公司时，张某1的妻子李某担任公司股东，张某1没有实际参与）找到祝某和张某询问详细情况，并欲协商解决，祝某和张某只同意按出资时的10万股，按照2006年股权转让时的价格给付60多万元。李某不同意，纠纷就此发生。

摆在我们面前的只有数字存储公司的工商注册登记资料和一份李某的出资证明。李某如果提起诉讼，官司该怎么打？

2006年自己的股权已经被公司转让；2011年公司的所有股权也已经转让给康海威视数字技术股份有限公司，几个人出资成立的这家数字存储公司事实上已经不存在。李某想拿回属于自己的股权已经不可能，那自己的利益受损，该向谁主张？请求权的基础又是什么？

根据律师的经验，请求权基础的寻找是处理实例题的核心工作。在某种意义上，甚至可以说，实例解答，就在于寻找请求权基础。请求权基础是每一个学习法律的人必须彻底了解、确实掌握的基本概念及思考方法。①

"谁得向谁，依据何种法律规范，主张何种权利。"可供支持一方当事人得向他方当事人所主张的法律规范，即为请求权规范基础，简称请求权基础。②

李某的股权在2006年公司通过股东会决议的方式转让给张某，在这之后，李某失去了股东的身份和权利。李某若恢复股东的身份和权利，得通过诉讼方式使涉及自己股权转让部分的决议内容无效。为此，李某可以诉公司，依据公司法律规范，主张确认股东会决议效力的权利。

因2011年公司的所有股权已经转让给康海威视数字技术股份有限公司，李某的股权已无法恢复登记，要回股权后又如何？

因股权已无法恢复登记，自己的股权在张某那里，下一步只能向张某主张权利。主张的是何种权利？又依据何种法律规范？当张某一旦对李某的股权占有失去了合法根据后，就应依法返还。在股权无法返还的情况下，应承担财产损害赔偿责任。这里的请求权规范基础是民法通则和侵权责任法等法律规范。

看似简单的一件事，竟牵扯出两宗官司。

---

① 王泽鉴著：《民法思维——请求权基础理论体系》，北京大学出版社2017年版，第41页。

② 王泽鉴著：《民法思维——请求权基础理论体系》，北京大学出版社2017年版，第41页。

第二节　股权争议之公司决议效力确认纠纷案

公司决议效力确认纠纷，是指公司股东会、股东大会或者董事会决议的内容违反法律、法规，股东及利害关系人要求确认决议效力而产生的纠纷。

提起公司决议效力确认纠纷，对于被告的主体资格，应直接列公司为被告；对于原告的主体资格，股东、董事、监事及与决议内容有直接利害关系的高级管理人员可以作为原告提起公司决议确认之诉。[①] 李某以数字存储公司为被告向法院提起公司决议效力确认之诉。

一、法院查明的案件事实

数字存储公司成立于2004年5月27日，成立时的注册资本为90万元，股东分别为祝某、熊某、张某、胡某、唐某、李某、严某。其中，李某实际出资10万元人民币，按照股份比例进行折算后，公司在其工商登记材料中将李某的出资写为7万元人民币，占注册资本的7.78%。

2004年11月20日，数字存储公司召开第一届第一次股东会并通过决议，内容为：变更监事：同意免去张某监事职务；转让出资：张某愿意将公司的14万元货币出资转让给祝某；修改章程：同意修改章程（章程修正案）。该决议的全体股东签字处有祝某、熊某、张

[①]《最高人民法院关于适用〈中华人民共和国公司法〉若干问题的规定（四）》第1条。

某、胡某、唐某、李某、严某的签名。

同日，数字存储公司召开第二届第一次股东会并通过决议，内容为：变更股东：同意熊某、胡某、唐某、李某、祝某组成新的股东会；变更股东投资情况：注册资本为 90 万元，股东熊某货币出资 17 万元；股东胡某货币出资 10 万元；股东严某货币出资 4 万元；股东唐某货币出资 7 万元；股东李某货币出资 7 万元；股东祝某货币出资 45 万元；变更监事：同意选举李某为监事；变更章程：同意修改后的章程（章程修正案）。该决议的全体股东签字处有祝某、熊某、胡某、唐某、李某、严某的签名。

2005 年 9 月 16 日，数字存储公司召开第二届第三次股东会并通过决议，内容为：增加股东：同意增加新股东 A 公司；增加注册资本：同意增加注册资本为 130 万元，其中 A 公司增加货币 40.0 万元；修改章程：同意修改章程（章程修正案）。该决议的全体股东签章处有祝某、熊某、胡某、唐某、李某、严某的签名。

同日，数字存储公司召开第三届第一次股东会并通过决议，内容为：变更股东：同意胡某、李某、唐某、熊某、严某、祝某、A 公司组成新的股东会；变更后的投资情况：注册资本为 130 万元；现股东的姓名、出资方式及出资额如下：胡某出资货币 10 万；李某出资货币 7 万；唐某出资货币 7 万；熊某出资货币 17 万；严某出资货币 4 万；祝某出资货币 45 万；A 公司出资货币 40 万；变更章程：同意修改后的章程（章程修正案）。该决议的全体股东签章处有祝某、熊某、胡某、唐某、李某、严某的签名并加盖 A 公司公章。同年 9 月 19 日，A 公司将 40 万元入资款汇至数字存储公司账户中。

同年 12 月 10 日，数字存储公司召开第三届第一次股东会并通过决议，其上载明：A 公司愿意将数字存储公司的货币 40 万出资转让给祝某。该协议的全体股东签章处有祝某、胡某、李某、唐某、熊某、严某的签名并加盖 A 公司公章。

同日，数字存储公司召开第四届第一次股东会并通过决议，其上载明：同意祝某、胡某、李某、唐某、熊某、严某组成新的股东会；现股东的姓名、出资方式及出资额如下：祝某出资货币 85 万；胡某出资货币 10 万；李某出资货币 7 万；唐某出资货币 7 万；熊某出资货币 17 万；严某出资货币 4 万。该协议的全体股东签章处有祝某、胡某、李某、唐某、熊某、严某的签名。

同年 12 月 12 日，A 公司（转让方）与祝某（受让方）签署出资转让协议书，其上载明：1. A 公司愿意将数字存储公司的出资货币 40 万转让给祝某；2. 祝某愿意接收 A 公司在数字存储公司的出资货币 40 万；3. 于 2005 年 12 月 10 日正式转让，自转让之日起，转让方对已转让的出资不再享有出资人的权利和承担出资人的义务，受让方以其出资额在企业内享有出资人的权利和承担出资人的义务。该协议上由祝某签名并加盖 A 公司公章。

2006 年 3 月 22 日，数字存储公司召开第四届第二次股东会并通过决议，其上载明：增加股东：同意增加股东张某、周某；转让出资：胡某愿意将数字存储公司的货币 10 万出资转让给张某；李某愿意将数字存储公司的货币 7 万出资转让给张某；唐某愿意将数字存储公司的货币 7 万出资转让给周某。该协议的全体股东签章处有祝某、胡某、李某、唐某、熊某、严某的签名字样。

次日，数字存储公司召开第五届第一次股东会并通过决议，其上载明：变更股东：同意祝某、熊某、严某、张某、周某组成新的股东会。现股东的姓名、出资方式及出资额如下：祝某出资货币 85.0 万；熊某出资货币 17.0 万；严某出资货币 4.0 万；张某出资货币 17.0 万；周某出资货币 7.0 万。该协议的全体股东签章处有祝某、熊某、严某、张某、周某的签名。同年 3 月 24 日，公司通过修改后的章程，其股东为祝某、熊某、严某、张某、周某。

诉讼中，李某提交 2006 年 3 月 25 日的出资转让协议书一份，其上载明：根据公司决议，胡某、李某、唐某（转让方）与张某、周某（受让方）就数字存储公司达成出资转让协议：1. 胡某愿意将公司的出资货币 10 万转让给张某；2. 张某愿意接收胡某在数字存储公司的出资货币 10 万；3. 李某愿意将公司的出资货币 7 万转让给张某；4. 张某愿意接收李某在公司的出资货币 7 万；5. 唐某愿意将数字存储公司的出资货币 7 万转让给周某；6. 周某愿意接收唐某在公司的出资货币 7.0 万；7. 于 2006 年 3 月 24 日正式转让，自转让之日起，转让方对已转让的出资不再享有出资人的权利和承担出资人的义务，受让方以其出资额在企业内享有出资人的权利和承担出资人的义务。该协议书的转让方签名处有李某、唐某、胡某的签名字样，受让方签名处有周某、张某的签名。李某称上述"李某"的签名并非其本人所签，也未授权任何人代签。

我们注意到，公司从 2004 年 11 月至 2006 年 3 月召开过数次股东会，形成过数次决议，上面都有李某的签名。但在诉讼中，李某称上述"李某"的签名并非本人所签，也未授权任何人代签。李某为证明不是本人所签，向法院申请了签名部分的笔迹鉴定。

二、案件事实证明

1. 当事人陈述。原告李某诉称，数字存储公司成立于 2004 年 5 月 27 日，李某对该公司出资 10 万元人民币，是该公司的实际出资人和创始股东。其他原始股东分别为祝某、熊某、张某、胡某、唐某、严某。2004年11月20日，张某将其对公司的货币出资转让给祝某并退出公司，公司的股东及出资比例发生了变化，但李某的注册资本仍为7万元，占7.78%，同日，李某被选为公司监事。2005年9月16日，A科技有限公司（以下简称A公司）向公司新增注册资本40万元，公司的股东及出资比例由此再度发生变化，李某的持股比例降为5.38%。2005年12月10日，A公司将其对公司的40万元出资转让给祝某，祝某的出资比例达到65.39%，其他股东的出资及占公司注册资本的比例不变。2006年3月22日，公司召开第四届第二次股东会，此次股东会决议上和股权转让协议书上的签名，均非李某本人所签，并且李某未书面委托他人代其出席股东会或在决议书上签字。为此，李某曾请求公司出示此次股东会会议记录，张某声称未召开股东会。2011年6月26日，祝某称要给李某60多万元作为李某所持有的公司10万股份的对价。李某经查询发现，其出资在自己不知情的情况下已被公司转让给张某。

数字存储公司在答辩中称：本案诉争股东会决议上李某签字属实，法院可以依法进行核实；股东会决议和出资转让协议书上的签字至今已近6年，李某提起本案诉讼时已超过诉讼时效，故不同意李某的诉讼请求。

原告请求确认股东会或者股东大会、董事会决议不成立、无效或者撤销决议的案件，应当列公司为被告。对决议涉及的其他利害关系人，可以依法列为第三人。① 张某属于决议涉及的利害关系人，法院通知张某作为第三人参加诉讼。

张某的答辩意见与被告数字存储公司的一致。

---

① 《最高人民法院关于适用〈中华人民共和国公司法〉若干问题的规定（四）》第3条。

2. 原告李某提交的证据与证明的事实：被告公司的工商登记档案，证明公司的现状和李某股权被转让的事实。原告提交的出资证明，证明公司成立时，李某出资 10 万元，占注册资本 7.78%，是创始股东。鉴定意见书，证明股东会决议上的签名不是李某本人所签。股东会决议，证明李某的股权转让给张某是经股东会决议作出的。出资转让协议书，因协议书上的签名不是李某所签，证明协议无效。

3. 被告数字存储公司提交的证据与证明的事实：手机短信记录。这是李某的丈夫张某 1 发给祝某的短信，被告用以证明李某名下的股权为其丈夫张某 1 所有，以印证被告所称的股东会决议上的签名为李某丈夫张某 1 所签，并知情转让事宜。

被告数字存储公司也提交该公司的工商备案登记材料，证明除本案所涉股东会决议和股权转让协议中李某的签字是其本人所签之外，其余均由其丈夫张某 1 代签，并以此证明张某 1 是李某名下股权的实际权利人。

为查明案件事实，法院在开庭审理时，法官也会对双方当事人进行询问。

经法院询问，李某称其丈夫张某 1 与祝某为同学兼同事关系，与张某为同事兼同乡关系，数字存储公司的法定代表人祝某与张某 1 均向其说明过公司的经营情况。2011 年 6 月，祝某给张某 1 打电话，称公司已转让给康海威视公司。祝某向张某 1 表示李某无需知道具体情况，只需接受股权转让款，金额为税后 60 多万元，李某一直没有同意。

经法院询问，数字存储公司称其没有书面协议可以证明李某名下的股权归其丈夫张某 1 所有，亦无证据可以证明张某 1 与李某同意李某的股权转让事宜。

经法院询问，张某称李某的丈夫张某1对股权转让一事知情并同意，但是其与张某1并未确定最终的转让价款。数字存储公司的法定代表人祝某称张某1曾与其多次讨论过股权转让事宜，并希望祝某能直接与李某商议，但是祝某并未与李某讨论过此事，其与张某1之间也未能就股权转让价款讨论出实质性的意见。

三、案例裁判理由与裁判结果

法院认为，李某提起本案为合同无效的确认之诉，对合同无效的确认是事实上的确认，不因为时间经过而改变，不应当考虑合同无效经历的时间过程，故确认合同无效之诉不应适用诉讼时效制度，对于数字存储公司基于此提出的抗辩意见，法院不予采纳。

在涉案股东会决议上李某的签名非其本人所签，数字存储公司无法证明李某对涉案股东会决议中"李某愿意将数字存储公司的货币7.0万出资转让给张某"的内容知情且同意，故该内容非李某的真实意思表示，侵害了股东的合法权益，应属无效，一审法院对李某的诉讼请求予以支持。

综上，依据《中华人民共和国公司法》第二十二条第一款之规定，判决如下：

数字存储公司于二〇〇六年三月二十二日做出的《数字存储科技有限公司第四届第二次股东会决议》中"李某愿意将数字存储科技有限公司的货币七点零万出资转让给张某"的内容无效。

二审维持一审判决。

第三节　股权争议之财产损害赔偿纠纷

李某用了两年的时间，赢得公司决议效力确认纠纷案件的胜诉，李某转让给张某的股权无效，张某应返还李某股权，重新进行工商变更登记。因 2011 年 7 月 22 日张某持有的股权转让给康海威视数字股份有限公司，李某的股权已无法进行工商变更登记。根据民法通则和侵权责任法的规定，李某只能要求财产损害赔偿。为此，李某的第二场诉讼，是关于财产损害赔偿诉讼。

本研习案例的重点和难点是财产损害赔偿的数额以及依据。

一、法院查明的案件事实

2011 年李某向本院提起诉讼，要求确认其与张某之间出资转让部分无效。本院经审理后做出民事判决书，支持李某的诉讼请求。此后张某不服该判决，提出上诉，中级人民法院就此做出民事判决书，驳回上诉，维持原判。

数字存储公司 2006 年度年检报告书载明公司资产总额为 1114.76 万元，税后利润 959.9 万元，净资产总额为 1042.85 万元。

2007 年 4 月 10 日，中林资产评估有限公司接受祝某、张某、熊某、严某、周某的委托，就"网络存储系统中的数据管理方法及其构建的网络存储系统"技术做出中林评字【2007】第 7 号资产评估报告，就前述非专利技术在评估基准日 2007 年 3 月 31 日表现出来的公允市场价值为 700 万元。该评估报告后附专家意见，其中一份专家意见系由张某 1 出具。

2007年7月18日数字存储公司形成第五届第二次股东会决议，内容如下：增加新股东姚某；增加注册资本为1000万元（其中祝某增加货币90万，知识产权313万；熊某增加知识产权117万；严某增加知识产权78万；张某增加知识产权143万；周某增加知识产权49万；姚某增加货币80万。该决议落款处署名祝某、熊某、严某、张某及周某。同日，数字存储公司形成第六届第一次股东会决议，决议内容为同意祝某、熊某、严某、张某、周某、姚某组成新的股东会并修改公司章程。

2007年7月20日北京某会计师事务所为数字存储公司出具验资报告称：数字存储公司本次增资前的注册资本为130万元，未经中介机构出具验资报告。截至2007年7月19日，变更后的累计注册资本人民币1000万元，实收资本1000万元。其中货币出资占注册资本的30%。至此，数字存储公司注册资本人民币1000万元已到位100%。

另查，数字存储公司工商档案中备案有一份《知识产权分割协议》，其内容为：经某资产评估有限公司评估，知识产权——非专利技术"网络存储系统中的数据管理方法及其构建的网络存储系统"技术价值700万元，其中祝某占有313万元，熊某占有117万元，张某占有143万元，严某占有78万元，周某占有49万元。另有一份《财产转移协议书》，载明转让方为祝某、张某、熊某、严某、周某，受让方为数字存储公司，其主要内容为转让方将其在公司登记注册时认缴出资的知识产权——非专利技术（"网络存储系统中的数据管理方法及其构建的网络存储系统"技术）700万元人民币转移至受让方的财产内。自双方签字之日起，转让方不再对该知识产权——非专利技术拥有所有权，仅以出资额为限，享有股东权利，承担股东义务。

2011年7月22日数字存储公司形成第七届第二次股东会决议，其内容为：张某将公司实缴143万知识产权出资及17万货币出资转让给康海公司；周某将公司实缴知识产权出资49万及货币出资7万转让给康海公司。同日，张某与康海公司签署出资转让协议书。

另查，2012年5月31日在中华人民共和国国家知识产权局网站查询申请（专利）号为200510011340.5的专利法律状态检索显示：该专利于2005年8月10日公开；于2005年10月5日实质审查生效；2006年4月12日发生专利申请权的转移，申请人由数字存储公司变更为祝某、张某、熊某、严某四人；2006年7月26日再次发生专利申请权的转移，由前述四人变更为数字存储公司；2007年9月12日进行授权；2009年12月30日该专利出质于中关村科技担保有限公司，2010年7月12日解除质押登记。

2012年10月19日专利号为ZL200510011340.5的专利登记簿副本载明"网络存储系统中的数据管理方法及其构建的网络存储系统"的发明人为祝某、严某及熊某，专利权人为康海公司、数字存储公司。

2012年，张某向A市某区人民法院对康海公司提起诉讼，要求确认2011年7月22日转让给康海公司的出资中7万的货币出资部分无效。一审法院审理查明：2007年数字存储公司增资扩股至注册资本1000万元，张某增加了知识产权出资143万。2008年4月，数字存储公司再次增资扩股至注册资本1470.5882万元，康海公司通过货币出资470.5882万元首次成为数字存储公司股东，2011年4月，数字存储公司再次变更股东，股东仅剩张某、康海公司及周某；2011年7月22日，张某及周某作为转让方与康海公司作为受让方签订《股权转让协议》，约定，张某及周某将各自持有的数字存储公司10.88%、3.81%股权以1953.956026万元的价格转让给康海公司。2011年8月3日，数字存储公司领取了新的企业法人营业执照，康海公司成为数字存储公司唯一股东。康海公司已向张某及周某足额支付股权转让款。2013年9月10日，A市某区人民法院作出判决书，驳回了张某的诉讼请求。此后张某不服该判决提出上诉，但又于2014年1月3日撤回上诉。

2014年5月7日数字存储公司出具证明，其内容为：我公司已代张某、周某就其股权转让收入1953.956026万元，向某区地方税务局缴纳印花税9769.78元、个人所得税3475912.05元，并附上兴业银行电子缴税付款凭证两张。

2014年6月16日数字存储公司出具"关于《网络存储系统中的数据管理方法及其构建的网络存储系统》专利技术的相关说明"，其内容包括：1. 该技术的发明人为祝某、熊某、严某三人，该技术不属于职务发明；2. 尽管该技术是由数字存储公司作为申请人向知识产权局申请发明专利，但数字存储公司未向祝某等发明人支付过知识产权使用费、转让费等报酬，技术所有权在2007年7月知识产权增资之前仍归属于祝某、熊某、严某三人。3. 2007年7月，祝某、熊某、严某、张某、周某共同以该技术作价700万元向数字存储公司增加知识产权出资，数字存储公司认可该事实，增资完毕后数字存储公司正式取得该技术所有权。

经询，张某称专利技术分割的份额系以对该技术的贡献大小作为标准，并称技术分割时给予非发明人部分份额系发明人的自愿，与是否持有数字存储公司股权无关。

二、案件事实证明

1. 当事人陈述。原告李某诉称，李某是数字存储公司的创始股东，实际出资人。李某实际出资10万元，注册资金7万元，占7.78%。2005年12月公司新增40万股归全体股东，李某的占股比例仍为7.78%。2007年3月数字存储公司的一项技术发明，经资产评估为700万元，该知识产权为全体股东所有，李某应占知识产权的7.78%。至第六届第一次股东会议前，数字存储公司实收资本130万元，2006年度营业额为1285.13万元，税后利润959.9万元，净资产总额1042.85万元，公司不经资产评估，仅以130万元作价增资扩股，占变更后的注册资本的13%，而新增的170万元现金占变更后的注册资本17%。若公司资产不按溢价评估，应评估为1742.85万元，新增170万元现金约占8.89%。原股东应占注册资本91.11%。李某的股权为7.088%，即70.88万股。张某本应返还李某70.88万股的股份，但张某于2011年7月28日将名下的股份转让给了康海威视数字技术股份有限公司，导致无法返还。张某是以每股9.046元的价格转让的股份，按此转让价格计算，张某应赔偿李某由此而造成的财产损失为641.18万元。

被告张某辩称：第一，生效法律文书确定的无效行为所涉及的仅是李某在数字存储公司的7万出资，张某只需返还7万出资的转让所得；2007年7月18日，张某增加知识产权出资143万与李某无关；第二，张某转让出资所得并没有达到每股9.046元，应按照缴纳完毕税费后的实际所得每股7.432元返还；第三，李某所自行计算的财产损失70.88万中7万以外部分没有任何事实与法律依据，也与张某无关，法院不应支持。

从双方当事人陈述中可总结出本案例争议的焦点,包括三个方面:一是张某应返还李某多少股?二是每股的价格是多少?三是张某增加知识产权出资 143 万是否与李某无关?

2. 股东会决议、资产评估报告、公证书、知识产权分割协议、年检报告。李某提供股东会决议、资产评估报告、公证书、知识产权分割协议、年检报告等证据,证明张某增加知识产权出资 143 万与李某有关,属于公司财产,张某应按比例赔偿李某的经济损失。

张某抗辩时,向法庭申请的证人祝某、熊某、严某出庭作证,证明张某增加知识产权出资 143 万与李某无关,是张某在他们研发此项知识产权技术时做出重大贡献而给予的奖励,但没有其他证据相互印证。

三、裁判理由和裁判结果

本院认为,李某对数字存储公司的出资在其不知情的情况下被转移至张某名下,且此后该出资被再次转让,故李某要求张某对其进行损害赔偿。张某对此并不持异议,双方的争议焦点在于赔偿的范围如何认定。对此,本院将结合李某所主张的赔偿范围中的各部分分别分析如下:

第一,关于被转移的出资 7 万,该部分出资的转让已经法院生效判决认定无效,张某作为受益人,其应对该部分出资所对应损失承担赔偿责任,因双方对该部分损失并无争议,本院不持异议。

第二,关于 A 公司增资的 40 万元中的部分。李某称该 40 万元增资应属全体股东所有,但其未能提供确实充分的证据予以证明;从该部分增资此后的走向可见,A 公司此后将该部分增资转让于祝某,与张某无关;同时李某也称在知识产权分割方案中实际体现了该部分出资的利益，在李某对知识产权分割的份额提出权利主张的情况下，再行向张某主张该部分利益显属重复，故对于该部分诉请，本院不予支持。

第三，关于 2007 年 7 月 18 日的增资问题，祝某、姚某增资部分是否侵害股东利益一节，因公司增资系全体股东意志决定，非张某的个人行为，即使确实存在低估公司价值的情形，也不应归责于张某个人，故对于该部分损失本院不予支持。

第四，关于知识产权分割部分，李某称知识产权分割份额中体现了其利益，张某则予以否认，其认为该知识产权分割份额仅与对该专利技术的贡献度有关，与股东身份及持股比例均无关联。对此，本院认为，从知识产权分割的方式可见，其并未严格按照各自的股份比例进行分割，但分割的对象并不限于专利的发明人，张某及周某作为非发明人也获得相应份额。鉴于该专利技术自 2005 年即申请专利，故对于张某所称在 2007 年权益分割时系以对技术的贡献作为标准一节显然不能成立。鉴于权益分割主体涵盖了当时数字存储公司的所有股东，故在张某未能提出相反证据的情况下，应确认该权益分割与股东身份之间存在密切关联，李某基于张某侵占其股权的事实主张分割该部分权益于法有据，按照双方在知识产权分割前的出资比例，其应获得的份额对应知识产权出资为 58.88 万股。

综上，李某所主张的权益损失的份额应为其原始出资及嗣后应分得的知识产权份额共 65.88 万股，对于上述权益损失，应由张某予以赔偿。关于赔偿标准，李某主张以张某向康海公司出让股权的价格进行计算，但其所确认的价格中未扣除相应税费，按实际发生的交易价格扣除税费后约为 7.43 元/1 元出资。据此，李某应获得的赔偿额为 4896433 元，对于李某诉请中的超出部分，本院不予支持。

综上，本院依据《中华人民共和国民法通则》第一百一十七条第一款，《中华人民共和国侵权责任法》第十九条，《中华人民共和国民事诉讼法》第六十四条第一款，之规定，判决如下：

1. 被告张某赔偿原告李某损失四百八十九万六千四百三十三元人民币，于本判决生效之日起十日内付清；

2. 驳回原告李某其他诉讼请求。

四、本研习案例的亮点

在"谁主张，谁举证"的证据规则下，李某在主张张某增加知识产权出资 143 万与自己有关时，从本案现有的证据中，应当说并不能直接证明。第一，该知识产权是个人的发明创造。当个人将该知识产权转让给数字存储公司时，在知识产权分割协议中，没有按照股东的出资比例进行分配，而且还包括有专利发明人以外的人。知识产权的分割是否会存在张某所说的，是发明人奖励给张某和周某二人的？与是不是股东身份无关？到这里，本部分事实处于真伪不明的状态，如果按照证明责任分配规则，由主张者李某承担举证证明责任，当李某再无法提供证据证明张某增加知识产权出资 143 万与自己有关，就不能得到这部分利益的损害赔偿，就回到了张某所称的，我只同意给 7 万股的赔偿。

本研习案例的一个亮点集中在法官没有直接适用"谁主张，谁举证"的证明规则，在事实认定上，大胆地运用"逻辑推理"认定张某增加知识产权出资 143 万与李某有关，即"鉴于权益分割主体涵盖了当时数字存储公司的所有股东，故在张某未能提出相反证据的情况下，应确认该权益分割与股东身份之间存在密切关联，李某基于张某侵占其股权的事实主张分割该部分权益于法有据。"

2002年《最高人民法院关于民事诉讼证据的若干规定》的司法解释规定，审判人员应当依照法定程序全面、客观地审核证据，依据法律的规定，遵循法官职业道德，运用逻辑推理和日常生活经验，对证据有无证明力和证明力大小独立进行判断，并公开判断的理由和结果。

为什么说法官应大胆地运用逻辑推理和日常生活经验？一是，因为推定的事实是可以被推翻的。二是运用逻辑推理认定案件事实要求比较高，我国司法实践中也较少运用。

推定规则的设立都是以一定的客观规律和经验法则为依据的，因此都应该具有科学性与合理性。但是，推定规则的科学性与合理性也有一定的局限性，即其认定结论并不一定都符合客观真实情况。换言之，推定结论具有可假性。因此，适用推定规则具有双刃剑的效应：一方面，它可以为认定某些难以证明的案件事实提供捷径；另一方面它也可能使事实认定落入陷阱和步入歧途。为了防止后一种情况的出现或者将其压缩到最小的可能性空间，法官在适用推定规则的时候，必须严格遵守适用该规则的条件，在具体案件情况不完全符合推进条件的时候，不能勉强适用或者扩大适用。①

"推定"一词英文的表达是 presumption。不同学者之间对于推定、推论、推理的关系有不同理解，有的刻意强调它们之间的区别，有的则宽泛地将其等同看待。② 概括起来，推定的基本性质有四类观

---

① 何家弘：《论推定规则的适用》，《人民司法·应用》2008年第15期。
② 卞建林、李树真、钟得志：《从逻辑到法律：推定改变了什么》，《南京大学法律评论》2009年春季卷，第35页。

点：第一类：推定是一种推理。第二类：推定实际上就是推论。第三类：推定是一种法律规则。第四类：推定既是一种证明方法又是一种法律规则。①

推定是由法律规定并由司法人员做出的具有推断性质的事实认定。"推定"一般是以法律规定为依据的，所以在司法活动中运用推定方法认定案件事实或争议事实就表现为对"推定规则"的适用。推定规则的表现形式可以是立法机关制定并颁布的法律，也可以是司法机关依法制定的证据规则或者做出的司法解释和具有约束力的判例。②

民事诉讼中证明责任分配的一般原则是"谁主张，谁举证"。在环境污染引起的民事损害赔偿诉讼中，原告即受害人本应承担所有要件事实的证明责任，包括污染行为与损害结果之间的因果关系。但是在环境污染事件中，损害结果多是较长时期内多种因素复合造成的，其中的因果关系十分复杂，而且涉及专业知识，因此一般的受害人往往无力证明。为了更好地保护环境污染受害人的权益，进而加强对环境的保护，很多国家的法律都对"谁主张，谁举证"原则进行了修正，要求被告方即加害人承担其污染行为与损害结果之间不存在因果关系的证明责任。我国最高人民法院颁布的《关于民事诉讼证据的若干规定》中的上述推定规则就是一例。按照这一规则，原告人不再承担证明污染行为与损害结果之间存在因果关系的责任，同时被告人则要承担证明污染行为与损害结果之间不存在因果关系的责任。如果被告人不进行举证或者举出的证据不足以说服

---

① 卞建林、李树真、钟得志：《从逻辑到法律：推定改变了什么》，《南京大学法律评论》2009年春季卷，第36—37页。

② 何家弘：《论推定规则适用中的证明责任和证明标准》，《中外法学》2008年第6期。

法官接受其主张，法官就应该推定该污染行为是造成该损害结果的原因并判决被告承担赔偿责任。在污染环境引起的损害赔偿诉讼和其他类似的诉讼中，适用推定规则可以更加公平合理地在诉讼当事人之间分配证明责任。①

推定的事实，是指从已知事实经过推论推断出的另一事实。推定的事实不必证明，是由于法官可以从已知的事实中推断出作为证明对象的另一事实存在还是不存在，但需要对前提事实的存在进行证明。此外，推定事实被反证反驳推翻后，推定事实将重新成为证明对象。

在本研习案例中，已知的事实是，张某增加了知识产权出资143万；该知识产权的权利人为数字存储公司；在700万元知识产权的利益分割时数字存储公司的所有股东都分到相应的份额。法官推定作为数字存储公司的股东李某也应当具有相应的份额。

一审法院作出判决后，张某不服，提出上诉。张某上诉后，为了反驳、推翻一审法院就该部分的事实认定，找到祝某出庭作证，证明张某增加的知识产权出资143万是基于张某作出的突出贡献所得，与是不是公司股东无关。但因无法说明该专利技术自2005年即申请专利，对于张某所称在2007年权益分割时系以对技术的贡献，对证人证言未予采信。张某未能实现推翻的目的。二审驳回上诉，维持了原判。

法律上的推定，是法律明确的规定，当确认某一事实存在时，就应当据以假定另一事实的存在，而这种被推定的事实不用加以证明。既然推定事实是一种假定，当然应当允许反驳，可以推翻，只

---

① 何家弘：《论推定规则适用中的证明责任和证明标准》，《中外法学》2008年第6期。

是要推翻该假定者应负举证责任。如果否定者提出的证据足以推翻推定的事实，就应当排除其适用，而确认由证据所证明的事实。推定的意义之一是，可以使当事人合理分担举证责任。法律上推定的事实总会有利于一方当事人，由于它不需要证明，就免除了该当事人的举证责任。否定推定的事实存在的当事人，则应负举证责任。由于推定的事实由否定者举证反驳较易，这就合理地解决了双方当事人对它的举证责任。法律上推定的事实，是以无相反证据证明为条件假定其存在。认为这种假定于己不利的当事人，可以争辩、反驳，但应提供证据证明其反驳意见有理有据，足以否定推定的事实。这就是说，否定推定事实的一方当事人应负举证责任。对这种证据进行审查后，认为确实可靠，足以推翻推定的事实，推定就失去效力，不能再适用。①

本研习案例，适用推定规则，而不是简单地适用"谁主张，谁举证"的证据规则认定案件事实，符合公平原则，并公开了判决理由，也符合公开原则，值得称赞。

第四节　本研习案例给予我们的启示

本研习案例，能够让我们想到一直以来受到关注的一个话题：如何健全公司治理、加强股东权利保护。

从研习案例中我们看到，数字存储公司在7年的时间里，不断地变更注册资本和不断地变换股东。最终，最大的赢家和受益人

---

① 叶峰、叶自强：《推定对举证责任分担的影响》，《法学研究》2002年第3期。

是公司的法定代表人祝某。比如案例中"2005年9月10日，A科技有限公司（以下简称A公司）向公司新增注册资本40万元，公司的股东及出资比例由此再度发生变化，李某的持股比例降为5.38%。2005年12月10日，A公司将其对公司的40万元出资转让给祝某，祝某的出资比例达到65.39%"。法定代表人祝某通过A公司的一进一出，自己的股份就大幅度上涨，而其他股东的股份被稀释、减少，李某的股份从原来的7.78%降至5.38%。A公司的出资是真实的吗？2005年9月16日入资，2005年12月10日就转让给了祝某？从诉讼第三人张某那里得知，公司没有开过股东大会。没有开过股东大会，股东会决议是如何出来的？可以说，在这7年的时间里，数字存储公司操控在法定代表人祝某手里，没有形成有效的公司治理模式和有效的监管，才会出现对股东权利的损害。

出于健全公司治理、加强股东权利保护的迫切需要，2016年12月5日最高人民法院审判委员会第1702次会议讨论原则通过了《最高人民法院关于适用〈中华人民共和国公司法〉若干问题的规定（四）》，于2017年9月1日起施行。

公司法是最重要的市场主体法律制度，是股东行使股东权利、参与公司治理的基本法律依据。制定《公司法》司法解释是统一适用公司法，妥善处理公司治理和股东权利纠纷的迫切需要。近年来，随着公司数量的快速增长，这两类纠纷案件逐年上升，在公司纠纷案件中占比高达60%多。一些大型公司的决议效力纠纷，甚至成为舆论焦点和热点，引发社会各界对公司法相关规定的广泛关注，被舆论称之为中国公司治理的标志性事件。

律师代理工作的成功之处，在于帮助当事人李某寻找到权利救济的正确路径。进行两场诉讼,可能需要的时间会长一些,但根据请求权基础,根据争议的法律关系,就必须分开来诉。前面案子的胜诉为后面的案子奠定了坚实的基础。

第六章

合同纠纷

19世纪英国著名的法律史学家、历史法学派在英国的代表人物，晚期历史法学派的集大成者亨利·詹姆斯·萨姆那·梅因，因其著作《古代法》而被西方学者公认为英国历史法学派的创始人，在西方法学界影响颇大。他有一句名言："我们可以说，迄今为止，所有进步社会的进程都是一场从身份到契约的运动。"

契约精神是从私法延伸出来的。民事当事人在商品交易中主体地位的平等，彼此选择意志的自由，利益分享的互赢，对已成立契约效力的尊重和信守，是契约精神最基本的内容。因此，从一定意义上讲，平等、自由、互利是契约精神的内在本质。[1]

合同是一种契约，或者说契约就是合同，是民事当事人在商品交易中依自由意志达成的协议，应尊重和信守。我国合同法明确规定，依法成立的合同对当事人具有法律约束力。当事人应当按照约定履行自己的义务，不得擅自变更或者解除合同。依法成立的合同，

---

[1] 李步云、肖海军：《契约精神和宪政》，《法制与社会发展》年第3期。

受法律保护。①

本研习案例中,甲方与乙方签订合同后,甲方又与丙方签订合同,公然地、恶意地撕毁与乙方签订的合同,从而引起一场合同纠纷诉讼。

第一节 本研习案例之法院裁判

一、一审裁判

一审法院经审理查明,2015 年 3 月 30 日,原告中原电气有限公司(以下简称中原电气公司)与被告信诚房地产开发有限公司(以下简称信诚房产公司)签订《新建住宅供电配套工程合同》,约定由原告承建被告开发的"诚府一号"商住小区住宅供电配套工程,总建筑面积 410830 平方米,每平方米 80 元,建设费 32866400 元。

合同签订后,被告信诚房产公司于 2015 年 4 月 8 日向原告中原电气公司工作人员谢某皓出具一份《授权委托书》,委托谢某皓代表信诚房产公司与供电公司商洽"诚府一号"商住小区用电的一切事宜。经谢某皓与供电公司商洽,于 2015 年 4 月 15 日取得供电公司的《高压客户供电方案答复函》。

2015 年 4 月 17 日,原告中原电气公司与洪波电气有限公司签订《工业品买卖合同》,约定,原告中原电气公司向洪波电气有限公司购买电缆,价款为 13194678 元。合同签订后 20 日内,原告中原电

---

① 《中华人民共和国合同法》第 8 条。

气公司向洪波电气有限公司支付5万元定金。原告不能按约定履行或单方解除、终止合同，应当向洪波电气有限公司支付合同总价款30%的违约金，并赔偿因此遭受的经济损失。

合同签订后，原告中原电气公司以给付商业承兑汇票的方式向洪波电气有限公司支付了定金50万元。2017年3月24日，原告中原电气公司与洪波电气有限公司达成《和解协议》，约定因原告中原电气公司没有履行该合同，原告中原电气公司向洪波电气有限公司支付120万元违约金，扣除定金50万元，余款70万元分三次付清，签订协议之日起10日内付30万元，2017年6月30日前付20万元，2017年9月30日前付清余款。

2015年4月20日，原告中原电气公司与玉智电力设计有限公司签订一份《工程勘察设计技术服务合同》，约定：原告中原电气公司将"诚府一号"商住小区新建住宅供电配套工程设计工作承包给玉智电力设计有限公司，工程的勘察设计费用为840000元。因原告中原电气公司的原因合同终止，应当向玉智电力设计有限公司支付合同价款25%的违约金。2017年3月28日，原告中原电气公司与玉智电力设计有限公司达成《和解协议》，约定：原告中原电气公司一直没有履行合同，须向玉智电力设计有限公司支付违约金18万元，分两次付清，签订协议之日起5日内付10万元，2017年7月30日前付清余款。

2015年5月15日，被告信诚房产公司与金邦电力安装工程有限公司签订《新建住宅供电配套工程合同》，合同中涉及的工程项目、地点、总建筑面积均与原、被告签订的合同一致。2015年6月原告中原电气公司向本院提起诉讼，要求被告信诚房产公司履行合同，并按合同约定支付第一笔工程款及违约金。本院做出一审判决，认定原、被告订立的合同合法有效,但未实际履行,违约责任在被告信诚房产公司,被告信诚房产公司与金邦电力安装工程有限公司订立合同,且在履行过程中,原、被告订立的合同已事实上不能履行。据此,判决驳回原告中原电气公司的诉讼请求。原告中原电气公司不服该判决,向中级人民法院提起上诉,中级人民法院审理后,做出判决驳回上诉,维持原判。原告中原电气公司向高级人民法院申请再审,高级人民法院审查后,做出民事裁定书,驳回再审申请。

在本案诉讼过程中,原告中原电气公司于 2017 年 6 月 27 日申请对"诚府一号"商住小区电力工程的预算造价进行鉴定,本院委托枫叶工程咨询有限公司进行鉴定,枫叶工程咨询有限公司于 2018 年 3 月 14 日做出鉴定意见书,鉴定结论意见为:"诚府一号"小区电力工程造价预算为 21099338.14 元,原告中原电气公司为此支付鉴定费 248000 元。

一审法院认为,原、被告签订的《新建住宅供电配套工程合同》系当事人的真实意思表示,内容合法有效。该合同对原、被告具有法律约束力,原、被告应当按照约定履行自己的义务,不得擅自变更或者解除合同。被告信诚房产公司与原告中原电气公司签订合同后,又就同一工程与案外人金邦电力安装工程有限公司另行签订供电配套工程合同,并已实际履行,被告信诚房产公司的行为违背了诚实信用原则,给原告中原电气公司造成损失,应当承担赔偿责任。

原告中原电气公司在本案中主张的损失包括实际损失和可得利益损失及鉴定费用,其主张的实际损失 138 万元,包括应向洪波电气有限公司支付的违约金 120 万元和应向玉智电力设计有限公司支付的违约金 18 万元。

本院认为,原告中原电气公司提供的证据不足以证明其主张。

首先，原告电气公司虽然提供证据证明为履行与被告信诚房产公司签订的合同，分别与洪波电气有限公司、玉智电力设计有限公司签订《工业品买卖合同》《工程勘察设计技术服务合同》，但其未举证证明《工业品买卖合同》《工程勘察设计技术服务合同》已经实际履行；

其次，法律规定违约金可以适当高于造成的损失，说明违约金是以实际损失为基础。《工业品买卖合同》《工程勘察设计技术服务合同》中虽约定原告中原电气公司不履行合同应当承担违约金条款，但原告中原电力公司未能举证证明因其不履行合同，对洪波电气有限公司、玉智电力设计有限公司造成何种损失及损失额；

最后，原告中原电气公司虽然提供了其与洪波电气有限公司和玉智电力设计有限公司达成的《和解协议》，但该和解协议系原告中原电气公司在没有确认洪波电气有限公司、玉智电力设计有限公司是否有实际损失，亦未经仲裁和审判的情况下所签订，该和解协议约定的违约金数额不具有合法性。而且原告中原电气公司提供的两份转账凭证上记载的转账用途为货款，转账时间与和解协议约定时间也不一致，无其他证据佐证，不足以证明其已经向洪波电气有限公司与玉智电力设计有限公司支付了违约金。

虽然原告中原电气公司对其主张承担违约金的损失应承担举证不能的法律后果，但经查明其已经向洪波电气有限公司支付了定金50万元，依照《中华人民共和国合同法》第115条"当事人可以依照《中华人民共和国担保法》约定一方向对方给付定金作为债权的担保。债务人履行债务后，定金应当抵作价款或者收回。给付定金的一方不履行约定的债务的，无权要求返还定金；收受定金的一方不履行约定的债务的，应当双倍返还定金"的规定，原告中原电气公司无权要求洪波电气有限公司返还定金 50 万元，而且被告信诚房产公司未举证证明原告中原电气公司已收回该定金，故该定金应认定为原告中原电气公司的实际损失，被告信诚房产公司应当赔偿。

关于原告中原电气公司主张合同约定价款与鉴定工程造价之间的差额为其可得利益损失，被告信诚房产公司应当赔偿。本院认为，依照《中华人民共和国合同法》第 113 条第 1 款"当事人一方不履行合同义务或者履行合同义务不符合约定给对方造成损失的损失赔偿额，应当相当于因违约所造成的损失，包括合同履行后可以获得的利益，但不得超过违反合同一方订立合同时预见到或者应当预见到的因违反合同可能造成的损失"的规定，可见可得利益损失是违约方在订立合同时能预见或应当能预见到的损失，对被告信诚房产公司在订立合同时是否能遇见或应当预见到因违反合同可能造成的损失，原告中原电气公司负有举证证明责任，而原告中原电气公司无证据证明被告信诚房产公司在订立合同时对可得利益损失具有预见性，应当承担举证不能的法律后果。且最高人民法院《关于当前形势下审理民商事合同纠纷案件若干问题的指导意见》第 9 条规定，可得利益损失主要分为生产利润损失，经营利润损失和转售利润损失等类型。原告中原电气公司主张的可得利益损失不在该条规定的范围之内。原告中原电气公司主张的可得利益还要受商业风险等诸多因素的影响，并不具有必然性。因此，原告中原电气公司主张可得利益损失，无事实依据和法律依据，本院不予支持。原告中原电气公司对其主张的可得利益损失而提出鉴定，由此产生的鉴定费用 248000 元应当由其自行承担。

综上所述，依照《中华人民共和国合同法》第六条、第六十条、第一百零七条、第一百一十三条第一款、第一百一十五、《中华人民共和国民事诉讼法》第六十四条、第一百四十二条规定，判决如下：

1. 信诚房地产有限公司于本判决生效之日起十日内赔偿中原电气有限公司损失50万元；

2. 驳回中原电气有限公司其他诉讼请求。

二、二审裁判

中原电气公司不服一审判决，向市中级人民法院提起上诉。

二审期间，上诉人中原电气公司向二审法院提交了两组证据。

证据一：玉智电力设计有限公司于2018年10月25日向中原电气公司出具的《催款函》、中原电气公司于2018年12月3日向玉智电力设计有限公司汇款8万元的交易回单、玉智电力设计有限公司于2018年12月4日出具的《情况说明》，上述证据证实中原电气公司已经按照其与玉智电力设计有限公司于2017年3月28日签订的《和解协议》约定履行给付18万元违约金的义务，该损失应当由信诚房产公司全额赔偿。

证据二：洪波电气有限公司于2018年10月22日向中原电气公司出具的《催款通知书》、中原电气公司于2018年12月3日向洪波电气有限公司汇款40万元的交易回单、洪波电气有限公司于2018年11月29日出具的《证明》，上述证据证实中原电气公司已经按照与洪波电气有限公司于2017年3月24日签订的《和解协议》约定履行给付120万元违约金的义务，该损失应当由信诚房产公司全额赔偿。

经过质证，信诚房产公司对证据一、二的真实性、关联性与合法性均有异议。该公司认为中原电气公司与玉智电气设计有限公司，洪波电气有限公司签订的和解协议形成于2017年，然而本案玉智电力设计有限公司、洪波电气有限公司出具的催款函、情况说明及付款凭证均产生在2018年10月后,真实性存疑,不排除中原电气公司与案外人恶意串通,上述证据不能作为定案的依据,应不予采信。

对于上述有争议的证据,本院认为,证据一、二中的催款通知、交易回单、情况说明等证据材料与中原电气公司和两案外人在2017年签订的和解协议相互印证,真实可信,且和解协议约定的违约金金额并未超出中原电气公司与案外人签订合同约定的违约金数额,信诚房产公司亦未提供中原电气公司与两案外人恶意串通的证据,故对上述证据一、二予以采信。

经本院审理查明,原审查明的事实属实。

另查明,截至2018年12月3日,中原电气公司已按照其与玉智电力设计有限公司于2017年3月28日达成的和解协议约定付清了违约金18万元;截至2018年12月3日,中原电气公司已经按照其与洪波电气有限公司于2017年3月24日达成的和解协议约定付清了违约金120万元。

本院认为,依法成立的合同受法律保护。本案中,中原电气公司与信诚房产公司于2015年3月30日签订的《新建住宅供电配套工程合同》,系双方当事人的真实意思表示,不违反法律行政法规的强制性,且本院民终441号生效判决已确认上述合同为有效合同,故该合同对双方具有法律约束力,中原电气公司与信诚房产公司均应当按照约定履行各自的义务,不得擅自变更或者解除合同。然信诚房产公司在未与中原电气公司解除合同的情形下,就同一工程另行与金邦电力安装工程有限公司签订供电配套工程合同,该行为严重违背了诚实信用原则,信诚房产公司应当向中原电气公司承担违约责任。

诉讼中，双方当事人对于信诚房产公司是否构成违约并无实质性分歧，双方争议的主要问题是如何确认信诚房产公司因违约给中原电气公司造成的损失。

经查实，中原电气公司的主要诉请是要求信诚房产公司赔偿因违约造成的损失 13147061.86 元，第一部分是直接损失 138 万元，包括洪波电气有限公司支付的违约金 120 万元和向玉智电力设计有限公司支付的违约金 18 万元；第二部分是可得利益损失 11767061.86 元，即涉案工程合同总价款减去工程预算造价。对于能否支持上述两部分损失，本院评判如下：

1. 对于如何确定中原电气公司因信诚房产公司违约所造成的直接损失的问题。中原电气公司在本案中主张直接损失 138 万元，该款项虽是中原电气公司与案外人洪波电气有限公司和玉智电力设计有限公司签订和解协议确定的，但现有证据可以证实中原电气公司已经按照和解协议约定向上述两案外人支付了违约金 138 万元。和解协议中确定的违约金数额并未超出中原电气公司与洪波电气有限公司和玉智电力设计有限公司所签订合同约定的违约金数额，且认定违约金是否过高的基础不仅为直接损失还包括可得利益损失，上述 138 万元违约金同样可以包含两个案外人若履行其与中原电气公司所签合同可能获得的预期利益，故不能简单以和解协议约定的违约金数额未经仲裁、诉讼程序确认而排除对本案违约方信诚房产公司的约束力，在当前司法资源相对匮乏、倡导多元化解决矛盾的环境下，对中原电气公司与两案外人就中原电气公司违约而与案外人在法律规定和合同约定范围内自行达成和解协议处理矛盾纠纷的行为应予肯定和支持，加之现无证据证实中原电气公司与案外人恶意串通损害信诚房产公司合法权益，故中原电气公司与案外人洪波电气有限公司和玉智电力设计有限公司签订和解协议确定的违约金数额可以作为中原电气公司的直接损失，因该直接损失就是信诚房产公司单方解除《新建住宅供电配套工程合同》给中原电气公司造成的，故上述直接经济损失138万元应全额由信诚房产公司向中原电气公司予以赔偿。

2. 对于能否支持中原电气公司主张的可得利益损失问题。《中华人民共和国合同法》第113条规定，当事人一方不履行合同义务或者履行合同义务不符合规定，给对方造成损失的，损失赔偿额应相当于因违约所造成的损失，包括合同履行后可以获得的利益，但不得超过违反合同一方订立合同时预见到或者应当预见到因违反合同可能造成的损失。本案中，中原电气公司与信诚房产公司在双方签订的《新建住宅供电配套工程合同》中明确约定，若信诚房产公司未履行合同约定的义务给中原电气公司和第三方造成损失的，由信诚房产公司承担赔偿责任。该合同还约定，在合同履行过程中任何一方擅自终止或变更本合同，应赔偿一方因终止或变更合同所受到的损失。

根据上述法律规定和涉案双方当事人在合同中的约定，违约方信诚房产公司不仅要向守约方中原电气公司赔偿因其违约给中原电气公司造成的直接损失138万元，还应赔偿中原电气公司在涉案合同履行后可以获得的利益，以期通过赔偿使守约方处于合同被适当履行的状态。这既是惩处违约行为，保护守约方合法权益的重要举措；也是优化营商环境，构建诚信社会体系的现实之需。

审判实践中一般认为可得利益损失主要分为生产利润损失、经营利润损失和转售利润损失等类型，就本案而言，中原电气公司属于配电工程施工企业，其与信诚房产公司签订《新建住宅供电配套工程合同》属于一种经营行为，信诚房产公司单方解除合同造成中原电气公司经营利润损失，亦属于可得利益损失赔偿范畴。因信诚房产公司系房产开发企业，小区供电配套工程属于其开发商品房的基础性工程，其对涉案供电配套工程能否获利及获利多少的了解远超一般普通人，其在与中原电气公司订立《新建住宅供电配套工程合同》时，更能预见到中原电气公司履行上述合同所能获取经营利润的情况。信诚房产公司擅自终止合同，也必然应预见到其行为会造成中原电气公司订合同的可得利益完全丧失，该不利后果应由信诚房产公司依法依约予以承担。

对于可得利益数额，中原电气公司申请法院对涉案供电配套工程预算造价进行了评估，主张可得利益损失为 11767061.86 元。但毕竟中原电气公司并未完全履行上述《新建住宅供电配套工程合同》，本案不能完全按照上述评估报告来认定中原电器公司的可得利益数额。综合考虑中原电气公司履行涉案合同可能获得的利润数额、必要的交易成本、实现利润的期限、施工过程中可能出现的各种风险，根据公平原则和诚实信用原则，酌定由信诚房产公司赔偿中原电气公司可得利益损失 11767061 元：〔(32866400 - 21099338.14) ×10% = 1176706 元〕。

基于上述分析，信诚房产公司单方解除合同构成严重违约，不仅需向中原电气公司赔偿直接损失 138 万元，还需依法赔偿中原电气公司可得利益损失 1176706 元。对于鉴定费 248000 元，因涉案鉴定是在一审法院组织下完成的，是为了确定可得利益损失金额，也是为了查清案件事实的需要，应当认定为中原电气公司的直接损失由信诚房产公司全额承担。上述损失共计 2804706 元；

综上所述，原审认定事实清楚，但适用法律不当，二审予纠正。

依据《中华人民共和国合同法》第六条、第八条、第一百一十三条，最高人民法院关于适用《中华人民共和国合同法》解释（二）第二十九条，《中华人民共和国民事诉讼法》第一百七十条第一款第（二）项规定，经本院审委会讨论，判决如下：

1. 撤销一审民事判决；
2. 由信诚房地产开发有限公司于本判决生效之日起十日内赔偿中原电气有限公司损失 2804706 元。
3. 驳回中原电气有限公司的其他诉讼请求。

第二节　诚实信用原则的适用

一审法院认为，被告信诚房产公司与原告中原电气公司签订合同后，又就同一工程与案外人金邦电力安装工程有限公司另行签订供电配套工程合同，并已实际履行，被告信诚房产公司的行为，违背了诚实信用原则，给原告中原电气公司造成的损失，应当承担赔偿责任。

二审法院认为，信诚房产公司在未与中原电气公司解除合同的情形下，就同一工程另行与金邦电力安装工程有限公司签订供电配套工程合同，该行为严重违背了诚实信用原则，信诚房产公司应当向中原电气公司承担违约责任。

两审法院在审理该案过程中，虽然都适用了诚实信用原则，但有所区别。

一审法院认为："被告信诚房产公司的行为，违背了诚实信用原则，给原告中原电气公司造成的损失，应当承担赔偿责任"；而二审法院则认为："该行为严重违背了诚实信用原则，信诚房产公司应当向中原电气公司承担违约责任"。

二者之间除了程度"严重违背"上有所区别外，一个非常重要的点是，被告承担赔偿责任是否以造成损失为基础和前提条件。

一审法院认为，违背诚实信用原则，给原告中原电气公司造成的损失，应当承担赔偿责任；而二审法院则认为，该行为严重违背了诚实信用原则，信诚房产公司应当向中原电气公司承担违约责任。二审法院的裁判观点是正确的。被告信诚房产公司的行为是违约行为，是一种违背契约精神的严重不诚信行为。

在当今世界，尚未发现不承认诚实信用原则的合同法。合同法诚实信用原则已经成为具有世界意义的法律现象。而且，随着社会、经济的迅速发展，诚实信用原则在近一个世纪以来出现了扩张的迹象。许多法律概念、规则、规范乃至原理、制度，均在诚实信用原则的冲击或影响下发生了或发生着巨大的变化。[①]

诚实信用原则起源于罗马法。根据罗马法的诚信契约，债务人不仅要依据契约条件，而且要依据诚实观念完成契约规定的给付，依裁判官法的规定，当事人因误信有发生债的原因而承认债务，实际上该原因并不存在时，可以提起"诈欺之抗辩"，以拒绝履行。根据市民法的规定，如果当事人因错误而履行该项债务时，可以提起不当得利之诉，请求他方返还已履行的财产。如果尚未履行，可以提起"无原因之诉"，请求宣告其不受该债务的拘束。

1804年的《法国民法典》第1134条、1135条规定："依法成立的契约，在缔结契约的当事人间有相当于法律的效力。……前项契

[①] 郑强：《合同法诚实信用原则比较研究》，《比较法研究》2000年第1期。

约应当以善意履行。""契约不仅对于契约中所载明的事项发生义务，并且根据契约的性质，对于公平原则、习惯或法律所赋予此义务的后果发生义务。"以法典的形式对合同法诚实信用原则做出明确规定。1900年生效的《德国民法典》第242条写道："债务人应依诚实和信用，并参照交易上的习惯，履行给付。"也以成文法的形式对合同法诚实信用原则做出规定。《日本民法典》在1947年进行了修改，在总则第一条明文规定："行使权利及履行义务时，应恪守信义，诚实进行。"综上可见，中国与大陆法系（主要）国家都以成文法的形式对合同法诚实信用原则做出规定。[①]

从宏观上说，合同法是以诚实信用原则为核心的法律规范体系，诚实信用原则构成合同法的灵魂。合同法在整个社会的经济运行中的作用在于为交换过程中经常可能发生的机会主义和未能预料的突发事件提供救济。[②]

诚实信用原则为什么会成为学者们所称的"帝王规则"？意思自治原则是私法即民商法的灵魂。意思自治原则是指合同当事人可以自由选择处理合同争议所适用的法律原则，是确定合同准据法的最普遍的原则。有权利就容易被滥用。为了防止民事主体滥用意思自治原则，在合同法中便有了诚实信用原则和公序良俗原则。

所谓诚实信用是指，当事人在市场活动中应讲信用，恪守诺言，诚实不欺，在追求自己利益的同时不损害他人和社会利益，要求民事主体在民事活动中维持双方的利益以及当事人利益与社会利益的平衡。研习案例中的被告方信诚房产公司在与原告中原电气公司签

---

① 郑强：《合同法诚实信用原则比较研究》，《比较法研究》2000年第1期。
② [美]理查德·波斯纳著，蒋兆康译：《法律的经济分析》，中国大百科全书出版社1997年版，第115页。

订合同后，又与金邦电力安装工程有限公司签订合同，致使中原电气公司的合同目的落空，利益受损，同时也给中原电气公司的信誉造成不良影响。在本研习案例中，我们看到，原告中原电气公司为履行与信诚房产公司的合同，分别与两家公司签订了《工业品买卖合同》和《工程勘察设计技术服务合同》，因原被告之间的合同不能履行，原告中原电气公司对两家公司也产生了合同违约。

被告信诚房产公司为什么敢如此任性？是单纯的法治观念淡漠吗？看到一审法院的判决就应该明白了。违约，不诚信，没有任何代价。区区50万元的赔偿金，对于一个房地产开发企业来说算不了什么。一审法院的判决虽然适用了合同法的诚实信用原则，但对被告不讲信用、不恪守诺言的行为没有做出惩处，必然会遭致原告方当事人的不服，从而提起上诉。

二审人民法院抓住了本案的精髓所在，认为违约方信诚房产公司不仅要向守约方中原电气公司赔偿因其违约给中原电气公司造成的直接损失138万元，还应赔偿中原电气公司在涉案合同履行后可以获得的利益，以期通过赔偿使守约方处于合同被适当履行的状态。这既是惩处违约行为，保护守约方合法权益的重要举措，也是优化营商环境，构建诚信社会体系的现实之需，并使用了"严重违背诚实信用原则"。

被告公司的名称中有"信"，有"诚"，但在实际交易活动过程中，既未坚守"信"，也不够"诚"。

第三节　可得利益损失的裁量

诉讼中，双方当事人对于信诚房产公司是否构成违约并无实质性分歧，双方争议的主要焦点问题是，如何认定信诚房产公司因违约给中原电气公司造成的损失。中原电气公司诉请，要求信诚房产公司赔偿因违约造成的损失 13147061.86 元，其中直接损失 138 万元（包括向洪波电气有限公司支付的违约金 120 万元和向玉智电力设计有限公司支付的违约金 18 万元）和可得利益损失 11767061.86 元（涉案工程合同总价款减去工程预算造价）。直接损失 138 万元部分因原告已经提供证据证明损失的事实已经产生，问题不大。最大的有争议的问题是，间接损失，即可得利益损失如何计算？其实，作为代理人的我们，也明白这样的一种计算方式是不稳妥的。在诉讼中，一旦算起账来，要求给付的一方当事人通常会提出一个利益最大化的标准，为讨价还价留有余地。这个难题就交给了法院。

什么是可得利益？可得利益损失如何计算？

可得利益，顾名思义，可以获得的利益。即指合同履行后可以获得物质或者非物质的利益，也称为期待利益。英国当代合同法学界的代表人物、著名法学教授 P. S. 阿蒂亚称："正是此种保护合理期待的愿望导致合同法的产生。"①

合同法中的期待利益，在大陆法系又被称作"履行利益"，是指合同正常履行后当事人可以获得的利益，其实就是合同交易的整体价值。当事人订立合同的目的就是为了取得此种期待利益，法院只有通过"让非违约方的状况如同合同被正常履行一样"的方法来保护非违约方在订立合同时的期待，才能有效激励人们信赖允诺人的允诺，进而激励人们去积极地与允诺人打交道。②

---

① [英] P. S. 阿蒂亚著，赵旭东等译：《合同法导论》，法律出版社 2002 年版，第 34 页。
② 刘承韪：《违约可得利益损失的确定规则》，《法学研究》2013 年第 2 期。

美国法学家富勒将合同损害中的利益明确区分为返还利益、信赖利益和期待利益三种。他认为，法律授予返还利益的目的在于阻止不当得利的发生；给予信赖利益赔偿的目的是为了使信赖他方允诺的一方处于允诺做出之前其所处的地位；授予期待利益的目的则在于使合同的一方当事人获得对合同的期待利益。①

我国合同法第 113 条虽然规定了期待利益，即"合同履行后可以获得的利益"，并以但书的方式规定了"不得超过违反合同一方订立合同时预见到或者应当预见到的因违反合同可能造成的损失"，但由于期待利益的损失计算采法官自由裁量，为此，实践中的做法有所不同。

本研习案例中一审法院的法官认为，可得利益损失是违约方在订立合同时能预见或应当能预见到的损失，对被告信诚房产公司在订立合同时是否能遇见或应当预见到因违反合同可能造成的损失，原告中原电气公司负有举证证明责任，而中原电气公司无证据证明被告信诚房产公司在订立合同时对可得利益损失具有预见性，应当承担举证不能的法律后果。而且，最高人民法院《关于当前形势下审理民商事合同纠纷案件若干问题的指导意见》第 9 条规定，可得利益损失主要分为生产利润损失、经营利润损失和转售利润损失等类型，原告中原电气公司主张的可得利益损失不在该条规定的范围之内。原告中原电气公司主张的可得利益还要受商业风险等诸多因素的影响，并不具有必然性。因此，原告中原电气公司主张可得利益损失，无事实依据和法律依据，本院不予支持。

一审法院对期待利益损失的事实认定存在两个方面的错误：一

---

① 刘承韪：《违约可得利益损失的确定规则》，《法学研究》2013 年第 2 期。

是举证证明责任分配上的错误,认为被告能否预见可得利益损失需原告举证证明是错误的。

《最高人民法院关于当前形势下审理民商事合同纠纷案件若干问题的指导意见》(以下简称《指导意见》)第11条规定:"人民法院认定可得利益损失时应当合理分配举证责任。违约方一般应当承担非违约方没有采取合理减损措施而导致损失扩大、非违约方因违约而获得利益以及非违约方亦有过失的举证责任;非违约方应当承担其遭受的可得利益损失总额、必要的交易成本的举证责任。对于可以预见的损失,既可以由非违约方举证,也可以由人民法院根据具体情况予以裁量。"为此,对于可以预见的损失的证明,不是必然地由原告中原电气公司承担举证证明责任。即使由中原电气公司举证证明,中原电气公司申请法院委托做出的《预算鉴定意见书》也是其可得利益损失的证据。

第二个方面的错误是,可得利益损失主要分为生产利润损失、经营利润损失和转售利润损失等类型。原告中原电气公司主张的可得利益损失不在该条规定的范围之内。《指导意见》第9条规定:"承包经营、租赁经营合同以及提供服务或劳务的合同中,因一方违约造成的可得利益损失通常属于经营利润损失。"原告中原电气公司与被告信诚房产公司签订《新建住宅供电配套工程合同》是承包经营,因信诚房产公司违约造成的中原电气公司可得利益损失属于经营利润损失,在该条规定的范围之内。

中原电气公司提出上诉后,二审人民法院纠正了一审法院的错误,认可了中原电气公司的期待利益损失。综合考虑中原电气公司履行涉案合同可能获得的利润数额、必要的交易成本、实现利润的期限、施工过程中可能出现的各种风险,根据公平原则和诚实信用原则，酌定由信诚房产公司赔偿中原电气公司可得利益损失 11767061 元。

（32866400 − 21099338.14）×10% = 1176706 元

32866400 元是合同中确定的工程建设费；21099338.14 元是工程造价预算。原告中原电气公司主张 32866400 − 21099338.14 = 11767061.86 元应属于可得利益损失。二审人民法院酌定认为应当扣除必要的交易成本、实现利润的期限、施工过程中可能出现的各种风险，根据公平原则和诚实信用原则，酌定 10% 的标准。这个标准是我国目前司法实践中掌握的一个比较高的标准。

人们经常感叹，在我国，违法或违约成本太低，法院判决过于保守，才出现大量违法或违约行为。

这是其中一个原因，但更深层次的社会问题是，树立诚信和契约精神，要排除人情世故的干扰，按照市场规则行事。

第四节　多元化纠纷解决机制

本研习案例中，二审人民法院判决的一个亮点是，多元化纠纷解决机制的引入。

中原电气公司为履行与信诚房产公司的合同，与案外人洪波电气有限公司和玉智电力设计有限公司签订了购买原材料和设计合同。因中原电气公司与信诚房产公司的合同不能履行，中原电气公司与洪波电气有限公司和玉智电力设计有限公司的合同违约，须承担合同约定的违约金。中原电气公司与洪波电气有限公司和玉智电力设计有限公司达成《和解协议》，中原电气公司共计支付违约金 138 万元。中原电气公司主张这部分直接损失应由信诚房产公司承担。一审人民法院判决认为,《和解协议》未经仲裁、诉讼程序不予支持。

二审人民法院判决认为,"未经仲裁、诉讼程序确认而排除对本案违约方信诚房产公司的约束力,在当前司法资源相对匮乏、倡导多元化解决矛盾的环境下,对中原电气公司与两案外人就中原电气公司违约而与案外人在法律规定和合同约定范围内自行达成和解协议处理矛盾纠纷的行为应予肯定和支持"。

多元化纠纷解决机制,2004年首次在《最高人民法院第二个五年改革纲要》中出现后,作为国家司法改革的部署曾有"三步走"的战略安排,"推动国家立法"作为改革成功的最后一步。十八届四中全会部署了完善多元化纠纷解决机制改革的任务,五中全会提出要构建全民共建共享的社会治理格局。中央的战略部署为多元化纠纷解决体系建设完成了地位升华、制度升华和理论升华。[1]

我国多元化纠纷解决机制,兼顾调解、仲裁等非诉讼纠纷解决机制与诉讼之间的有机衔接、相互协调和均衡发展的理论与实践,与域外替代性纠纷解决机制不完全一致。域外替代性纠纷解决机制(Alternative Dispute Resolution,简称ADR)往往是单指诉讼之外的非诉讼纠纷解决机制。

普通法系国家对 ADR 的探索更多地来源于一种自下而上的诉求。[2] 由于普通法系国家法律文化中对创新和当事人自治的包容程度较高,即使在没有立法支持的背景下,基于现实需求,调解作为一种创新型的、赋予当事人权利的形式,其试验没有受到太大阻力,

---

[1] 李少华:《努力构建具有中国特色的多元化纠纷解决体系》,《人民法院报》2016年7月6日,第5版。

[2] 熊浩:《知识社会学视野下的美国 ADR 运动——基于制度史与思想史的双重视角》,《环球法律评论》2016年第1期。

反而越加蓬勃发展。1976 年,美国"庞德会议"作为现代 ADR 发展历程中具有里程碑意义的会议,提出"多门法院"(multi-door court)的概念,主张发展包括调解在内的替代性纠纷解决方式,以减轻司法系统对传统诉讼程序的依赖,为当事人提供更多的程序选择。1990 年美国《民事司法改革法》(CJRA)和 1998 年《ADR 法》更是要求每个联邦地区法院都要积极关注调解推进 ADR,使法院成为促进 ADR 发展的核心力量。[1]

所以说,英美属于事实出发型的裁判思维,英美法院一般有权改变他们自己的实践规则。英美国家调解不但能够为纠纷各方提供一个相对而言更为正式的、便捷的、灵活的、快速的和便宜的方式,而且在减少法院积案、减轻法官负担和当事人的诉讼耗费、缩短解纷周期、解决执行难等诸多方面也显现出"结构性条件"优势。[2]

反观大陆法系国家,其对 ADR 机制的研究经历了不同的路径。与普通法系国家不同,大陆法系国家,特别是亚洲国家,调解传统上就是民事纠纷解决的重要组成部分。例如,日本早在 1951 年就已经制定《民事调解法》。而在欧洲大陆国家,法官也有在诉讼中促进当事人和解的传统,例如德国很多保守派的法官就认为,他们已经有促进和解的传统了,不需要引入其他的多元化纠纷解决形式。[3] 在这种背景下,大陆法系国家对 ADR 机制的系统性研究相对普通法系国家起步较晚,原因也在于大陆法系国家的司法改革所面临的问题和普通法系国家是不同的。诉讼费高昂、诉讼程序规则复杂等问题

---

[1] 龙飞:《替代性纠纷解决机制立法的域外比较与借鉴》,《中国政法大学学报》2019 年第 1 期。

[2] 王福华:《大调解视野中的审判》,《华东政法大学学报》2012 年第 4 期。

[3] 周翠:《调解在德国的兴起与发展——兼评我国的人民调解与委托调解》,《北大法律评论》2012 年第 1 期。

第六章 合同纠纷

在大陆法系国家那里并没有那般严重。①

事实上，我们国家在解决民事纠纷的问题上，无论是立法上，还是司法上，一直是采取分散解决纠纷的做法。和解、诉讼外调解、仲裁与诉讼都是我国解决民事纠纷的途径。然而，随着市场经济的发展，民事纠纷数量急剧上升，加上纠纷的日益复杂性，大量民事纠纷涌入人民法院，纠纷的双方当事人都想要一个具有权威性的说法，一个具有终局性的判决。还有就是执行的需要，法院审理案件的压力增大，社会矛盾也集中到人民法院。

为了更好地发挥和解、诉讼外调解、仲裁的作用，缓解人民法院审理案件的压力，快速解决纠纷，降低诉讼成本，多元化纠纷解决机制应运而生。与以往不同的是，使和解、诉讼外调解、仲裁与诉讼相衔接，通过法院的司法确认，使和解、诉讼外调解获得法院判决的终局性法律效力或执行力。

本研习案例的二审判决，就是根据《和解协议》已经实际履行的证据，加之现无证据证实中原电气公司与案外人恶意串通损害信诚房产公司合法权益，而确认了和解协议的法律效力及其约束力，省去了当事人仲裁或诉讼的讼累。

为此，二审人民法院的判决中关于多元化纠纷解决机制的引入是一个非常好的亮点。

---

① 龙飞：《替代性纠纷解决机制立法的域外比较与借鉴》，《中国政法大学学报》2019年第1期。

第五节　本研习案例给予我们的启示

说到诚实信用，有很多名言，如高尔基的"诚实是人生永远最美好的品格"。做人正直诚实，定会有一个问心无愧的归宿。孔子在《论语·为政》中说道：人而无信，不知其可也。西塞罗说道：没有诚实何来尊严。莎士比亚说道：失去了诚信，就等同于敌人毁灭了自己。鲁迅说道：诚信为人之本。做人如此，做企业也应如此。

本研习案例的二审法院的判决，看上去是被告赔偿原告损失 200 多万元，但被告商业信誉的损失是无价的。生效的判决网上是公开的，这样一份判决也算是给被告公司留下了一笔劣迹。

有学者指出，我国诚实信用原则在司法适用中存在的问题有：1. 适用方法不明确。当前我国诚实信用原则适用方法和适用主体不明确，对诚实信用原则的司法适用有较大影响。笔者以诚实信用原则为关键词在中国裁判文书网进行检索，共得到 31480 份以诚实信用作为关键判决理由的裁判文书，其中 25957 份裁判文书由基层法院作出。自我国推行公报案例与指导性案例制度至今，共有 104 则公报案例和 7 则指导性案例以诚实信用作为关键判决理由，但关于诚实信用司法适用方法却含混不清。2. 论证说理不足。诚实信用原则的适用过程是将抽象原则具体化的论证过程，因此适用时的论证说理十分关键。但当前我国在诚实信用原则的司法适用中，论证说理仍旧缺乏。3. 自由裁量权缺乏约束。在笔者检索到的 31480 份以诚实信用作为关键判决理由的裁判文书中，据不完全统计，并没有直接的约束性条件或理由来帮助适用诚实信用原则。缺乏约束的原则适用极易导致法律的滥觞。①

　　我国诚实信用原则在司法适用中除存在上述问题外，对于违反该原则的惩处力度也欠缺。

　　本研习案例中的二审人民法院酌定的10%的比例，目前在我国司法实践中关于间接损失，亦即可得利益损失的赔偿比例算是一个较高的比例，对于失信人的失信惩罚从其恶劣性、社会影响性、诚信社会的建立、契约精神的树立等方面来看，是远远不够的。

　　企业应诚信。法院对于不诚信企业要敢于适用诚实信用原则，结合具体法律规范做出惩罚性判决，以维护交易秩序，弘扬民法精神。

---

① 郑和斌：《诚实信用原则司法适用中存在的问题及克服——德国经验考察》，《时代法学》2017年第4期。

第七章

案例研习之代理词精粹

撰写法律文书是法科生或法律职业（执业）者的基本功，也是案例研习学的重要组成部分。

代理词中的"词"有三种含义：一是语言里最小的可以独立运用的单位，如词汇；二是言辞、话语，泛指写诗作文；三是中国一种诗体，起于南朝，形成于唐代，盛行于宋代，具有代表性的如唐诗宋词。

显然，代理词中的"词"指的是第二种含义，即言辞、话语，写"作文"。

代理词是指，代理律师在法庭辩论阶段发表的全面、系统地论证委托人主张的事实和理由或对对方当事人所主张的事实和理由进行全面、系统反驳的言辞，是维护被代理人合法权益的诉讼文书。为此，代理词撰写的好与坏，直接影响到律师代理案件的质量，甚至可能会关系到案件的成败。代理词也可以说是律师个人法学素养、逻辑思维能力、办案能力的集中体现。

代理词有三个方面的特点：

1. 以被代理人名义制作、发表。代理词尽管是律师撰写的，最后由代理律师签名,但是在制作和发表代理意见时是以被代理人的名义制作和发表的。因为律师是诉讼代理人,而不是案件的当事人。

2. 在代理权限范围发表代理意见。律师的代理权基于当事人授权委托,包括一般授权和特别授权。特别授权权限大,民事诉讼代理律师可以代理当事人放弃、变更诉讼请求、与对方和解、提起上诉或反诉等。行政诉讼被告代理律师不享有特别授权的权限,因为行政诉讼案件被告的诉讼地位是恒定不变的。但行政侵权案件除外。

3. 律师代理的法律后果由被代理人承担。代理词的正文部分,通常由前言、代理意见和结束语三部分组成。前言主要是简要说明依法受单位指派或受何人委托担任本案某一方当事人的诉讼代理人,说明代理人接受代理后到开庭前进行了哪些工作,如查阅案卷、调查了解案情等,表明对本案的基本看法和代理意见要点。结束语是代理词的结论,主要是总括归纳全篇代理词的观点,明确代理词的中心思想,提出简明的诉讼请求或仲裁请求,供双方当事人在协商时以及判决、仲裁时做参考。前言和结束语这两部分的内容都比较简明,写作方法也比较简单。代理意见部分则是代理词的核心和主体部分,因为这部分是决定能否充分阐明理由或反驳对方意见的关键内容。代理意见实质是起诉状、答辩书、仲裁申请书等内容的补充和完善,应该是被代理人真实意见的反映。①

代理意见,首先针对案件事实进行说理评述;其次,针对案件的证据进行分析评断;第三,针对纠纷的性质及责任分担进行分析说理;第四,针对法律的适用进行分析评述;第五,针对提出的诉讼请求是否合理进行论证;第六,针对诉讼程序是否合法进行论证;

---

① 蔡鹏飞:《浅析如何写作代理词的代理意见部分》,《应用写作》2013 年第 7 期。

第七，针对全案情况提出处理意见。① 以上几点较全面地涵盖了代理词代理意见或代理理由部分的写作要点。

比较遗憾的是，在法院制作的判决书中是很少引用律师代理意见的，只是说，某某律师的代理意见不予采纳，某某代理律师的代理意见予以采纳。具体是什么、怎么形成的，往往是看不到的。

但我们还是要写，要好好写。根据多年的实践经验，律师庭后提交的代理意见对案件的审理结果能够起到非常重要的作用，相当于庭后与法官以书面形式进行充分沟通，将法庭上零乱的意见集中起来，帮助法官形成正确判断，依法做出公正判决。

以下是笔者在代理案件中撰写的代理词，集律师代理工作之精华。在此，仅选取一份民事案件代理词和一份行政案件代理词为例进行说明。

第一节　农药产品责任纠纷案件代理词

民事代理词

尊敬的审判长、审判员

你们好！

北京宣言律师事务所接受本案原告胜和种业有限公司（以下简称胜和公司）委托，指派姜丽萍律师担任委托人胜和公司的诉讼代

---

① 卓朝君：《论民事代理词理由角度之选择》，《政法论丛》1996 年第 2 期。

理人，参与本案诉讼。接受委托后，本代理人会见了当事人，收集证据，认真研究相关法律、法规，参与了庭审，现就本案发表如下代理意见，恳请合议庭合议和裁判时予以采纳。

（一）关于被告答辩状中所称的问题

1. 被告称与原告之间不存在龙克菌（噻菌铜）（为了叙述方便以下称噻菌铜）产品的买卖合同，从白某旭处购买的被告生产的噻菌铜30件（每件50瓶）事实不清，证据不足；原告有无在涉案地块使用及使用的数量、范围、混用情况也缺乏证据支持，事实不清，证据不足。

原、被告之间不存在买卖合同，原告是从经销商白某旭处购买的，原告有与白某旭的对账单为证。原告种植和使用的情况，在原告报案后已经向当地农牧业和生态保护局执法大队提供了相关证据，已向法院申请调取。因为此案首先是由执法大队先介入进行调查并委托鉴定的，所以关于种植、使用被告生产的噻菌铜使用的数量、范围在执法大队调查时已经固定。根据《农药管理条例》第64条规定："生产、经营的农药造成农药使用者人身、财产损害的，农药使用者可以向农药生产企业要求赔偿。"

2. 首先，被告认为原告使用噻菌铜给马铃薯拌种是被告公司的业务员推广的不属实，被告公司从没有向原告公司推广介绍使用噻菌铜给马铃薯拌种，原告公司也从没有向被告公司技术部征询过技术应用问题。

原告向法院提交被告公司的宣传单，宣传单上有被告公司业务员老吴及电话号码，也印有制造商A化工有限公司。宣传单上登记的老吴的电话号码就是我们提供两份录音证据中通话的电话号码，我们将向法庭提供该电话号码。老吴就是吴某孙。吴某孙是被告的业务员，被告在法庭上是认可的，只是否认吴某孙向原告推广过马铃薯拌种，否认宣传单的真实性。显然，被告是在推脱责任。

　　这种宣传单在本地区有很多，都是吴某孙在推广噻菌铜在马铃薯上使用发放的宣传单，原告保存的这份宣传单就是吴某孙给的。吴某孙向原告保证在马铃薯上拌种绝对没问题，并告知了使用数量及方法，销售商白某旭也是从厂家业务员那里知道的噻菌铜可以给马铃薯拌种，并推荐给原告，原告就在白某旭处购买了30件，每件50瓶，按照宣传单上的使用方法进行了马铃薯拌种，在红旗镇种植2300亩、巴林右旗种植500亩，共计2800亩。白某旭曾通过微信发给过原告公司的经理杜某树一份资料，内容与原告向法庭提供的被告厂家印发的宣传单内容一样。证明销售商向种植户推荐在土豆上拌种是被告公司告知的，不然销售商怎么会知道噻菌铜可以用来在土豆上拌种？又没有关于马铃薯登记的使用说明。

　　为了更加充分地证明吴某孙在本地区推广马铃薯拌种，原告收集到了两份录音，这两份录音的内容充分证明了上述事实。在法庭审理中，被告否认是与吴某孙的录音。在杨某正与吴某孙的录音中，吴某孙自己说出了自己是吴某孙。在与杜某飞的录音中，虽然没有出现吴某孙的名字，但从两份录音的声音比对中我们可以判断出就是吴某孙，他仍然是被告公司在本地区的业务员。而且，在原告方提供的微信聊天记录和录音中，吴某孙都讲到，我公司做试验出问题了，公司领导不让业务员继续推广沟施和拌种。请法庭注意的是：被告公司在原告使用噻菌铜拌种发生药害后，"做试验出问题了，不让业务员继续推广"。"继续推广"表明在此前推广过。这份微信聊天记录记载的日期是2018年5月10日，上一次的推广时间是2017

年春天种植马铃薯的季节。被告的实验能够充分证明原告使用噻菌铜用于马铃薯拌种导致产生药害。

其次，被告认为，原告使用噻菌铜给马铃薯拌种是扩大使用范围、加大用药量或者改变使用方法，对产生的不良后果及损失，自行负责。

在土豆圈里，大家使用什么农药，怎么用，都是靠厂家的业务员或销售商的推荐。理由很简单，他们大多是农民出身，没有太高的文化，有的不识字，有的即使识字也可能看不懂。另外，纯朴的种植户们尤其相信大厂家和大品牌的东西，自然也就很相信他们的业务员。业务员说好用，他们就买，告诉怎么用，他们就怎么用。

在执法大队调查时，原告已经提供了使用噻菌铜的记录，证明是按照宣传单和业务员及销售商告诉的使用方法使用的，用量没有加大。是被告擅自超出登记范围推广使用，导致原告使用了被告的产品，造成损害，被告应当就原告的损失承担赔偿责任。被告的宣传单和宣传手册上写道："高科技；无公害新杀菌剂；国家级星火计划；国家十一五科技支撑计划。"这样好的东西，这样的宣传，不能不让原告相信而购买和使用。

3. 被告答辩称，被告公司生产的噻菌铜不存在质量问题，不存在产品缺陷。本案中存在两份技术鉴定，结果不相同。被告以后面的复检鉴定否认前面的鉴定，但我们认为两份鉴定都是由具有专业技术资质的单位进行的鉴定。开庭时，被告称，微谱化工服务有限公司的服务领域不包括农药是错误的，在微谱化工服务有限公司的网页服务领域的介绍中，包括农药肥料生化试剂。如果不属于他们的领域，第一，委托人不会委托；第二，受托人也不会接受委托。本案所鉴定的对象是噻菌铜质量含量的技术鉴定，并且微谱化工技术服务有限公司在该项技术上具有一定的权威性，其出具的分析结果具有客观性和可靠性，应当作为认定案件事实的依据。

但需要说明的是，即使噻菌铜的质量含量符合被告所说的质量标准，但其用于马铃薯拌种是否具有安全性和有效性，被告未能提供证据予以证明。现在药害已经实际发生，证明被告推荐使用噻菌铜给马铃薯拌种是不具有安全性和有效性的。被告在法庭上提供了6份试验报告以证明在马铃薯上使用是安全的。首先，这6份报告，是在原告使用噻菌铜发生药害后所做的，目的就是为了应付这场诉讼；其次，试验都是被告自己委托的，不具有客观真实性，并且试验的结果只是对马铃薯的黑胫病和青枯病有效，鉴于此，被告否认是他们的业务员推荐在马铃薯拌种上使用；第三，仅只一次试验，而农药的安全性和有效性不是一次试验能够达到的和证明的。

最高人民法院侵权责任法研究小组编著的《中华人民共和国侵权责任法》条文理解与适用对《侵权责任法》第41条的理解如下："本条规定的所谓'缺陷'是指产品存在危及人身、他人财产安全的不合理危险；产品有保障人体健康和人身、财产安全的国家标准、行业标准的，是指不符合该标准。我们认为，'国家标准''行业标准'是产品应当符合的最低标准，标准是国家有关部门制定的，不可避免地具有滞后性，符合标准的产品，有时同样会存在不合理的危险。随着社会专业化生产协作的发展，产品的复杂程度和科技含量与日俱增，占有更多专业知识和产品信息的生产者，应当避免产品的'不合理的危险'。"在原告方提供的微信聊天记录和录音证据中，吴某孙都讲道，我公司做试验出问题了，公司领导不让业务员继续推广沟施和拌种，证明被告公司生产的噻菌铜用于马铃薯拌种具有不合理的危险。

4. 被告答辩称，原告马铃薯受到药害与被告无关。原告未就马铃薯发生药害的原因及损害结果与答辩人的产品及使用方法存在因果关系提供证据证明。被告的答辩和陈述是在割裂整个案件发生的事实而抽象地讲因果关系。原告在发现药害后，及时向执法大队报案，并向执法大队提供了种植的地块、购买噻菌铜及使用情况等资料。大家为什么把焦点落到噻菌铜上，是因为原告使用适乐时与甲托和滑石粉拌种长势正常。所以，当执法大队委托新疆司法鉴定中心鉴定时，整个鉴定就是围绕确认噻菌铜用于马铃薯拌种是否存在药害及损失进行的。鉴定专家在鉴定时所说的种薯受到药害，虽然没有直接指向噻菌铜，但综合整个事件，出发点就是噻菌铜的使用造成发芽不出土或出土后生长缓慢造成的损失鉴定。那么，这里的药害指向的就是噻菌铜。"种薯受到药害"，这是确定的事实，也就是说，马铃薯发芽不出土或出土后生长缓慢不是其他因素造成的，而是药害所致。

最高人民法院侵权责任法研究小组编著的《中华人民共和国侵权责任法》条文理解与适用中写道："产品缺陷与损害事实之间存在因果关系要根据案件的具体情况来进行分析。"不一定非要借助鉴定。为此，从报案到鉴定，都是围绕原告使用被告的噻菌铜拌种引起的药害展开的，并且被告因噻菌铜未在马铃薯上登记，无法证明其安全性和有效性，原告已完成该因果关系的证明责任。

吴某孙所说的：我公司做试验出问题了，公司领导不让业务员继续推广沟施和拌种，也能够充分证明产品缺陷与损害事实之间存在因果关系。就其损害，被告应当承担赔偿责任。

民事诉讼证据的证明标准是高度盖然性。最高人民法院关于适用《中华人民共和国民事诉讼法》若干问题的解释第108条规定：

"对负有举证证明责任的当事人提供的证据,人民法院经审查并结合相关事实,确信待证事实的存在具有高度可能性的,应当认定该事实存在。"

5. 被告称,原告没有及时报告,就扩大损失自行承担。被告的所指都是一种应然状态下的情况,但就实际情况而言,种植户们会首先使用他们的方法去面对或解决问题,原告首先做到的就是赶快补救,不能扩大损失,因而翻种了土豆和大白菜。为此,不存在就扩大损失自行承担的问题。

6. 关于《司法鉴定意见书》

司法鉴定科学技术研究所农林牧司法鉴定中心是经司法厅批准设立的合法鉴定机构,该鉴定属于其鉴定业务范围。出具的司法鉴定意见书符合法定程序,其鉴定意见客观真实,具有较强的证据效力,应当作为定案的依据。鉴定人也出庭接受了质证。《司法鉴定书》证明的事实为:鉴定时在场人员有委托方农牧业和生态保护局的王某青、吉某红;种植方代表:刘某新、范某锋、孙某申;农药生产厂家代表王某楷、吴某孙、潘某海;农药经销商白某旭。而且鉴定专家在出庭时反复说过一句话,当时在场的各方当事人都没有提出异议。这句话,充分证明就鉴定中所述事实,在场的各方当事人是认可的。

(二) 关于噻菌铜与甲托同时使用的问题

被告当庭提供了一份证据证明噻菌铜不能与甲托一起使用,但在其宣传单上关于噻菌铜的作用特点写道:"能与其他农药混用并有增效功能。"在其应用技术手册上写道:"问:噻菌铜能与其他农药混用吗?答:本品经过 10 多年试验及应用,面积达 3500 多万亩,结果在综合防治上取得优良效果,证明可以与大多数农药混用。但也发现,对福美双及福美系列复配剂不能混用,也不能与强碱性农药混用。"列举了不能与福美双及福美系列复配剂不能混用,没有说不能与甲托一起使用。种植户们在使用农药时,主要依赖于厂家和销售商的指导使用。原告用噻菌铜拌种,是厂家业务员和销售商推荐和指导使用的。没有注意到是否能与铜制剂农药一起使用,符合常理。

甲托加滑石粉给马铃薯拌种,在全国范围内的马铃薯界已经是通用的做法。如果被告在明知噻菌铜与甲托不能同时使用时,在其宣传中故意隐瞒这一事实,证明被告有意误导马铃薯种植户,主观上存在过错。

(三) 关于法律的适用

《农药管理条例》第46条规定:"生产、经营的农药造成农药使用者人身、财产损害的,农药使用者可以向农药生产企业要求赔偿。"《侵权责任法》第41条规定:"因产品存在缺陷造成他人财产损害的,生产者应当承担侵权责任。"可见,原告要求被告赔偿所造成的财产损失有事实根据和法律依据。

《农药管理条例》第5条规定:"农药生产企业、农药经营者应当对其生产、经营的农药的安全性、有效性负责。"被告生产的噻菌铜在马铃薯拌种上是不安全的,造成药害,而被告未能提供证据证明其在马铃薯上拌种是安全和有效的。被告公司在原告发生药害后,自己也做了试验,试验结果证明是不安全的,是有问题的,不让再在马铃薯拌种上推广和使用。

（四）关于噻菌铜农药的登记

《农药管理条例》第7条规定："国家实行农药登记制度。"《农药登记管理办法》第2条规定："在中华人民共和国境内生产、经营、使用的农药，应当取得农药登记，未依法取得农药登记证的农药，按照假农药处理。"虽然噻菌铜取得了农药登记证，但其登记的作物名称为水稻、西瓜、大白菜、柑橘、黄瓜、烟草；防治对象为枯萎病、软腐病、溃疡病、疮痂病、白叶枯病、细菌性条斑病、角斑病、野火病等6个作物8个病害，没有马铃薯作物和针对马铃薯的病害防治对象。生产厂家的代表也承认没有在马铃薯上登记，属于超出登记范围推广使用。超出登记范围，就其超出部分，应视为没有取得农药登记，应依法按照假农药处理。农药生产者就其使用范围没有创造性的拓展权利。因噻菌铜未在马铃薯上登记，所以就没有关于马铃薯的病害防治的质量标准。而且被告公司的业务员吴某孙多次提出，马铃薯拌种我公司做实验出问题了，公司领导不让业务员继续推广沟施和拌种。

综上，根据以上事实和法律规定，因被告生产的噻菌铜农药不具有安全性和有效性，存在质量缺陷，对原告种植的马铃薯产生药害，造成巨大的经济损失，产品缺陷与损害事实之间具有因果关系。被告对原告基于产品责任的侵权事实成立，依法应当承担侵权责任，被告应当赔偿原告经济损失5915495元。

代理人：姜丽萍

2019年1月12日

民事代理词补充意见

在 2019 年 6 月 6 日开庭后,原告代理律师就法院调取的"农牧局行政处罚案件档案(以下简称行政处罚案件档案)"和原告、被告新补充提交的证据发表如下补充代理意见:

(一)行政处罚案件档案

涉嫌药害案件调查报告事实清楚,证据确实充分,程序合法。

1. 原告从经销商白某旭处购买被告生产的 20% 噻菌铜,有白某旭提供的往来对账单(54—56 页)和农牧局寄给被告公司的产品确认通知书(33 页)予以证明。往来对账单 2017 年 4 月 13 日记载,杜某树向白某旭购买 20% 噻菌铜 30 件;2017 年 4 月 15 日购买 6 件 2 瓶。2017 年 8 月 14 日农牧局寄给被告公司的产品确认书,2017 年 8 月 22 日,技术部的吴某孙回复:"看到实物已确认是我公司生产的产品";白某旭确认:"已确认是我处销售。"需要说明的是 2016 年杜某树在白某旭处购买的噻菌铜与本案无关,即使 2016 年购买过,也不能证明 2017 年就不会发生药害。2017 年用被告公司生产的噻菌铜给马铃薯拌种是被告公司的吴某孙和白某旭推荐使用的。在《司法鉴定意见书》中有此内容,证明胜和种业有限公司在 2017 年使用了被告公司生产的噻菌铜给马铃薯拌种。

2. 共拌种 560 吨,种植 2800 亩的事实,在《司法鉴定意见书》中得以确认(司法鉴定意见书是 2017 年 9 月 29 日做出的,调查报告是 2017 年 11 月 10 日做出的),并且有原告提供的土地承包、租赁合同为证。这里需要说明的是,被告代理律师认为都是复印件无法证明真实性。档案材料中自然要附复印件,但是与原件核对过的。作为一个具体行政行为形成的档案,必然要核对每一份证据材料的真实性。第一次开庭时,鉴定人出庭接受了质证,鉴定人反复说了一句话,各方当事人都在场,没有人提出异议,表明鉴定时所核实的事实都具有客观真实性。

3. 鉴定结果:胜和种业有限公司用噻菌铜拌马铃薯种薯因发芽不出土,出土后生长缓慢造成经济损失 5915495 元。对造成损失的事实被告方并没有异议,只是认为,不是被告生产的噻菌铜造成的。而且被告律师在法庭上重点、反复强调这一点。不认可行政处罚案件档案第 42—43 页的宣传单是他们公司制作的,认可宣传手册是他们的。那么,可以比对一下,宣传单和宣传手册的制作方法、工艺和内容是一致的。不认可吴某孙给杜某树推荐过用噻菌铜给土豆拌种,但原告已经向法庭提供了录音证据证明了吴某孙推荐过在马铃薯上拌种,并称"我公司做试验出问题了,公司领导不让业务员继续推广沟施和拌种"。农牧局寄给被告公司的产品确认通知书上有吴某孙的签字,确认自己是被告公司技术部人员。杜某树在吴某孙那里拿到宣传单,又有白某旭的推荐,最终胜和种业有限公司使用了被告公司的噻菌铜给马铃薯拌种符合常理。

之后,被告代理人又提出,不能与甲托同时使用,但在其认可的宣传册中有下面内容:"问:噻菌铜能与其他农药混用吗?答:本品经过 10 多年试验及应用,面积达 3500 多万亩,结果在综合防治上取得了优良效果,证明可以与大多数农药混用。但也发现,对福美双及福美系列复配剂混用,也不能与强碱性农药混用。"列举了不能与福美双及福美系列复配剂混用,没有说不能与甲托一起使用。在宣传单(档案第 40 页)中有写:"能与其他农药混用并有增效功能;在作物任何生育期均可使用。"而且技术人员和销售人员也没有告知说,不能与甲托一起使用。生产厂家和销售商有义务指导购买者如何使用。

4. 违法事实确认正确。被告公司在明知该农药登记作物没有马铃薯的情况下,专门制作了宣传册和宣传单,宣传该农药用于马铃薯拌种,宣传了噻菌铜在土豆拌种使用方法及噻菌铜防治马铃薯黑胫病、疮痂病、环腐病、青枯病及大葱洋葱病、叶枯病、紫斑病的用药时间、使用方法,本机关认为被告公司以上行为属于擅自扩大该农药的使用范围,违反《农药管理条例》。被告代理律师提出的该违法行为属于行政处罚范围,不应承担损害赔偿责任的说法是错误的。第一,该行为证明具有侵权行为的违法性;第二,发生了药害,证明没有保证农药的安全性和有效性。被告的技术员吴某孙证实"我公司做试验出问题了,公司领导不让业务员继续推广沟施和拌种",是因为被告公司在知道胜和种业有限公司用噻菌铜拌种出现药害后,自己去做了试验,发现出了问题后,公司领导不让业务员继续推广拌种。该证据证明,被告是明知噻菌铜给马铃薯拌种有问题,在诉讼中一再不承认,违反诚实信用原则。被告律师在庭审中的表现态度是,原告你有本事证明去,否则我一概不认。如果什么都要求直接证据加以证明,证明要求那么高的话,被告公司的农药一吨也卖不出去,同时也会大大增加交易成本。目前在我国农民的认知能力和法制观念水平还不是很高的情况下,进行交易时,什么都要求极高的规范性,是做不到的。原告已经提供了充分的证据,而且这些证据之间能够相互印证,完成了举证证明责任。被告应就原告的损失进行赔偿。

5. 涉嫌药害案件调查报告保障了程序的合法性和公正性。原告报案后,农牧局进行了两次委托鉴定,而且第二次是被告提出异议后进行的鉴定。向被告邮寄了噻菌铜农药药品；产品确认通知书；通知被告参与了司法鉴定。要求原告提供了相应的证据材料，并且进行了核对。要求销售商白某旭提供了相关的证据材料。被告代理律师称没有向他们调查，制作谈话笔录。农牧局执法大队已经向被告做了调查，如农药样品的快递和确认；还有鉴定报告的邮寄以及接受对方的异议后的重新委托鉴定，司法鉴定时被告公司人员到场的通知，都是农牧局执法大队对被告方的程序保障。为此，涉嫌药害案件调查报告保障了程序的合法性和公正性。

（二）新补充的两份证据

1. 原告方提供的杜某树与白某旭的微信聊天记录内容与原告提供的证据，即被告公司的宣传单的内容是一致的。证明，不仅被告公司的吴某孙向杜某树推荐使用噻菌铜给马铃薯拌种，而且经销商白某旭也推荐使用，并且从白某旭处购买并使用。

2. 被告方提供的新证据是2019年第4批拟批准登记农药产品公示，包含噻菌铜是马铃薯黑胫病的防治对象。该证据与本案无关。本案的药害发生在2017年。即使得到批准核发证书，也只能证明2019年以后，才可以用于马铃薯的黑胫病的防治，无法弥补本案超范围使用的事实。

综上所述，涉嫌药害案件调查报告事实清楚，证据确实充分，程序合法，应当作为认定案件事实的依据，而且，该调查报告属于公文书，公文书具有较强的证明力。

代理人：姜丽萍

2019年6月12日

第二节 行政不作为案件代理词

行政代理词

尊敬的审判长、审判员

你们好!

北京宣言律师事务所接受原告王某河委托,指派姜丽萍律师作为王某河诉 A 市工商行政管理局行政不作为诉讼案件的诉讼代理人参加诉讼。经过法庭组织的举证、质证,法庭辩论,代理人对本案发表如下代理意见,请合议庭合议时予以采纳。

(一)关于诉讼时效问题

通常理解的行政诉讼时效,现有的有关行政诉讼法律法规及司法解释在提到时称之为起诉期限,具体规定起诉期限的法条有:《中华人民共和国行政诉讼法》(以下简称《行诉法》)第 38、39、40 条;《最高人民法院关于执行〈中华人民共和国行政诉讼法〉若干问题的解释》(以下简称《行诉法解释》)第 39、40、41、42、43 条。

对于经过行政复议程序的行政不作为诉讼,其起诉期限在《行诉法》第 38 条有着明确规定。未经过行政复议程序的行政不作为案件的起诉期限问题,对此类不作为案件,可以直接适用的条款应该只有《行诉法解释》第 39 条第 1 款。但是该条款只规定了行政相对人提起诉讼的起算时间，没有明确规定起诉的迄止时间，因此无法根据该条款明确行政不作为案件的起诉期限。但综合分析其他规定起诉期限的条文，可以看出，对于未经过行政复议程序的行政诉讼，起诉期限的起算时间和长度如下表所示：

起算时间				长度
行政机关做出具体行政行为	知道做出具体行政行为之日	知道具体行政行为内容	知道诉权或起诉期限	3个月
行政机关做出具体行政行为	知道做出具体行政行为	知道具体行政行为内容	知道或应当知道诉权或起诉期限之日	3个月
行政机关做出具体行政行为		知道或应当知道具体行政行为内容之日		2年
行政机关做出具体行政行为之日（涉及不动产）				20年
行政机关做出具体行政行为之日（其他）				5年

由上表可见，行政机关做出的任何具体行政行为，在完整意义上包括三个要素：1. 具体行政行为做出时间及送达时间；2. 具体行政行为内容；3. 告知诉权和起诉期限。以上三个要素中任何一个要素的变动都会导致起诉期限的变动。对于行政不作为案件，既然是行政不作为，行政机关既没有做出具体行政行为，也谈不上送达、告知诉权和起诉期限，则以上三个要素可能都不存在。因此，对于

行政不作为案件，谈论行政行为内容、做出时间、送达时间都是没有意义的，唯独告知诉权或起诉期限这一点对行政不作为案件存在明显的程序性意义：对于任何行政诉讼案件而言，如果原告不知道诉权或起诉期限的情况下，又如何能要求其做到及时起诉以保障自己的实体权益呢？因此，对于《行诉法解释》第39条第1款的理解，对于行政不作为案件而言，适用3个月的起诉期限是没有依据和不合理的。对于行政不作为案件的起诉期限，除《行诉法解释》第39条外，还应补充适用《行诉法解释》第41条，即至少应从行政机关接到申请之日起的60日后（行政机关接到申请之日起满60日仍不作为，则可推定相对人知道或应当知道行政机关具体行政行为内容即不作为）起算2年。

所谓行政中的"不作为"行为，是基于公民、法人或其他组织的符合条件的申请，行政机关依法应当实施某种行为或履行某种法定职责，而行政机关无正当理由拒绝作为的行政违法行为，亦称"不作为违法"或"消极违法"行为。

具体到本案，2012年春节后，王某河得知自己被注册为A投资有限公司和B房地产经纪有限公司的法定代表人，很是着急，在2012年3月初到甲市工商局调出工商登记注册资料，发现的确如此，便向甲市工商局申请撤销该变更登记。工商局先是不予答复，故意拖延解决问题，后又认为自己没有错误，不予撤销变更登记。在王某河的一再要求下，工商局让王某河去对自己的签名进行笔迹鉴定，说是鉴定结果不是本人所签就给撤销变更登记。笔迹鉴定出来后，还是不给撤销。王某河就去中级人民法院起诉，寻求司法救济。中级人民法院同工商局协调，工商局于2013年10月15日给中级人民法院出具了一份情况说明。该情况说明证明：第一，王某河请求甲市工商局予以撤销的事实；第二，工商局不作为，因为根据《中华人民共和国公司登记管理条例》第69条的规定："提交虚假材料或者采取其他欺诈手段隐瞒重要事实，取得公司登记的，由公司登记机关责令改正，处以5万元以上50万元以下的罚款；情节严重的，撤销公司登记或者吊销营业执照。"王某河已经向工商局提供了司法鉴定书作为证据、证明A投资有限公司和B房地产经纪有限公司在法定代表人变更登记时，提交虚假材料，采取欺诈手段隐瞒重要事实，取得公司登记的事实，并且造成对王某河人身权的侵犯，损害了国家行政机关的形象，应当认定为情节严重，工商局依法应当撤销两公司的法定代表人的变更登记，而工商局采取了消极的不作为。第三，如果说诉讼时效的话，应当从该"情况说明"做出之日2012年10月15日起计算，原告的起诉没有超过诉讼时效。第四，王某河没有从事过两公司的相关管理和经营活动。

（二）被告变更行政行为是否符合法定程序

虽然在该案的审理过程中，法庭将其确定为一个争议的焦点，但我们认为，这不是本案的一个重要问题。我们并不想去评价甲市工商局的变更登记程序是否合法，因为被告很容易证明自己的登记程序是合法的，只要完成了形式要件的审查，只要材料齐全该登记就是合法的。我国现行工商登记的形式审查制度，很容易让不法分子钻空子，事实上，在实践中就出现了大量钻法律空子的人。为此，也就有了《中华人民共和国公司登记管理条例》第69条的规定，用以制裁不法分子，保护利害关系人的合法权益，维护行政机关的形象；也才有了《最高人民法院关于审理公司登记行政案件若干问题的座谈会纪要》（法办【2012】62号）。所以，是原两公司的负责人

第七章　案例研习之代理词精粹

欺骗了工商局，坑害了原告王某河，损害了行政机关甲市工商局的形象。

《最高人民法院关于审理公司登记行政案件若干问题的座谈会纪要》（法办【2012】62号）规定："公司法定代表人、股东等以申请材料不是其本人签字或者盖章为由，请求确认登记行为违法或者撤销登记行为的，人民法院原则上应按照本条第一款规定处理，即因申请人隐瞒有关情况或者提供虚假材料导致登记错误的，登记机关可以在诉讼中依法予以更正。登记机关依法予以更正且在登记时已尽到审慎审查义务，原告不申请撤诉的，人民法院应当驳回其诉讼请求。原告对错误登记无过错的，应当退还其预交的案件受理费。登记机关拒不更正的，人民法院可以根据具体情况判决撤销登记行为、确认登记行为违法或者判决登记机关履行更正职责。"法庭在审理该案时询问王某河本人是否参与了公司的管理及经营活动，王某河说，没有。工商局的"情况说明"中也印证了这一点。登记机关在登记时未尽到审慎审查义务，因为根据《企业法人登记管理条例》第11条规定："登记主管机关核准登记注册的企业法人的法定代表人是代表企业行使职权的签字人。法定代表人的签字应当向登记主管机关备案。"《企业法人法定代表人登记管理规定》第10条规定："法定代表人的签字应当向企业登记机关备案。"这里的备案是一项法定义务，作为申请登记注册的法人应当履行该法定义务，否则登记机关应当不予登记，因为登记机关无法审查是否为法定代表人的亲自签名。被告律师认为，备不备案只是公司的事，与登记机关无关，这是不正确和不负责任的说法。登记机关未对备案材料和申请人提交的材料的差异性尽审查义务，导致王某河被登记注册为两个公司的法定代表人。但是，如果甲市工商行政管理局主动撤销变更登记，原告王某河愿意撤销该行政诉讼。

综上，根据我们庭上提交的两份证据：1. 工商局的收条；2. 关于 A 投资有限公司和 B 房地产经纪有限公司涉嫌提交虚假材料案件的情况说明，证明原告在得知自己的合法权益因工商局的法人变更登记行为受到侵害后，一直在向甲市工商局申诉，并没有就该行政行为直接提起诉讼，我们现在向法院提起诉讼针对的是工商局接受申诉后久拖而不作为的行为，《行政诉讼法》第 39 条规定的是直接起诉期间，本案诉讼时效不适用《行政诉讼法》第 39 条之规定。

根据上述事实、理由和法律规定，如果甲市工商局不履行作为义务，主动撤销 A 投资有限公司和 B 房地产经纪有限公司法定代表人变更登记，原告请求贵法院依法判决撤销该变更登记行为。

代理人：姜丽萍

2013 年 12 月 28 日

第八章

法律职业伦理教育

　　法律职业人员是指以法官、检察官、律师和公证员等为代表的，受过专门的法律专业训练，具有娴熟的法律技能与法律伦理的法律事务岗位从业人员所构成的共同体。法律职业包括广狭两义。狭义的法律职业主要指法官、检察官、律师、公证员、基层法律服务工作者。广义的法律职业，除包含上述职业外，还包括企事业单位中从事法律事务的职业岗位，如法务专员、法务主管、法务部门的其他人员。本章仅限于狭义的法律职业伦理。

第一节　人类伦理大厦

　　人类伦理在人类历史发展长河中呈现了从氏族伦理到古代国家伦理到近代国家伦理再到现代全球伦理的动态发展规律，在现代社会生活中则又呈现各种伦理交错存在的横剖面。前者是纵向发展，沉淀为后者是横向分析。或者说，横向静态不过是纵向动态的横剖面。对于这个横剖面，如果按照伦理主体的多少，人类伦理呈现一人伦理、二人伦理、家庭伦理、社区伦理、职业伦理、民族伦理、国家伦理和全球伦理逐级提升的全息伦理剖面谱系。所有层次的伦理都是教育的结果。伦理教育是人与动物的根本区别，人的层次高低也正在于伦理教育的区别。这八层伦理教育阶梯形成人类伦理教育大厦。上述全息伦理剖面的每一层实现的伦理追求和伦理教育的本质都不一样：

　　一人伦理的本质是自爱，有没有自爱成为是否有一人伦理的根本标准。受教好的人有自爱，受教不好的人没有自爱，不懂自爱。一个人是否有伦理？这是一个仍存在争议的话题。一个人有很多不同境遇。孤岛上只有鲁滨逊一人，当然没有伦理问题，但在嘈杂的社会追求独处是一种美德，一个人独处时是不是能够做到爱自己？很多人不能独处，觉得独处只有孤独，因此做不到爱自己，这对自己是不道德的。只有少数人能够独处而自爱。这都是伦理问题。一人伦理教育，一方面主要来源于家庭教育与朋友的熏陶，所谓近墨者黑、近朱者赤，另一方面依靠自己的修养。亲朋好友的熏陶演变为自我控制，才会铸就一人伦理。一人伦理是一种自律，无法依靠他人。一个人的心病，固然可以通过心理医生得以治疗，但最终还是得靠自我的求生能力。不能自救的人，任何人都无能为力。中国文化教导人，自强不息，厚德载物。西方基督教文化教导人们，一个不能自救的人，上帝都不会拯救他。自救对于人是多么重要的事情。但是，能够在深层次自救，需要好的心理素质、好的教育环境。

　　二人伦理的表现形态是多种多样的，包括恋人、朋友、知音、同学、同事、夫妻、父子、母子等。当然，二人伦理的正价值是"仁爱"。何谓"仁"，见仁见智，赋予仁爱内涵各不相同，因此很难统一，伦理也有个性的一面。

二人伦理的本质是仁爱，有没有仁爱成为是否有二人伦理的一个标准。不仁不义的人是二人伦理受教不合格的人，被儒家视为小人。儒家眼里的君子是那些与小人正相反的人，君子坦荡荡，小人长戚戚；君子成人之美，不成人之恶；君子上达，小人下达；仁者不忧，知者不惑，勇者不惧；君子固穷，小人穷斯滥矣；君子求诸己，小人求诸人；君子矜而不争，群而不党；君子不以言举人，不以人废言；君子不可小知而可大受也，小人不可大受，而可小知也；君子贞而不谅，小人常惊恐；君子学道则爱人，小人学道则易使也。君子文质彬彬，小人粗俗不堪。子曰："质胜文则野，文胜质则史，文质彬彬，然后君子。"仁爱是伦理正价值。此外，二人伦理还有负价值，那就是不仁不义。

高于二人伦理的是家庭伦理。家庭伦理的根本是爱与亲，简称为"亲爱"。对家庭成员不爱、不亲，就是没有做到家庭伦理。子女对父母的孝顺、父母对子女的呵护和爱护都是家庭伦理的要求。

大于家庭伦理的是邻居社区伦理和职业伦理。邻居伦理追求的是和睦关系。社区伦理的本质是能够给与邻里以和睦、宁静、环境之爱。一些人养狗糟蹋电梯，狗尿遍地；在自己家里高声唱歌、蹦迪；纵容孩子大声喧哗等，都是缺乏社区伦理的表现。

职业伦理的本质是"爱（负）责任"。不同职业有不同的伦理要求，职业伦理仅限于职场当中。保证自己经营的职业或商品有好的质量，才是合乎职业伦理的。特殊的职业有特殊的伦理。泰坦尼克号的船长为什么最后一个下船？飞机驾驶员在飞机出事第一个跳伞行吗？答案是"不能"，那正是职业伦理的要求。

高于家庭伦理、社区伦理和职业伦理的是民族伦理。民族伦理的要求是"爱族"。尊重民俗是民族伦理的基本要求。一个不爱自己民族的人是没有民族伦理的人。

高于民族伦理的是国家伦理，国家伦理的本质是爱国。所有国家都提倡"爱国主义"，并提升到意识形态之上。爱国的规范适用国家的所有公民。全球伦理的本质是爱人类。只有博大的爱，人类才能实现博爱的伦理。民族伦理与国家伦理在古代和近代往往交叉在一起。

高于国家伦理的当然是全球伦理。问题是"爱国"重要，还是"爱人类"重要？一个人连人类都不爱，爱国有什么意义？反过来说，一个人连祖国都不爱，怎么可能爱人类呢？何谓全球伦理？简单地说，全球伦理就是为了解决全球问题而形成的关怀整个人类命运的、基于全球利益而保护个人利益的社会伦理规范。只有我们这个时代，才是人类命运和个人命运"一荣俱荣、一损俱损"的时代。全球伦理的适用范围是拥有世界公民意识及行动的人。可以肯定的是，一个忠诚于国家的人具有国家伦理，但实际上却做着损害全球利益的事情，这就不能说具有全球伦理，其人格品味是低的。不是所有人都有全球伦理，只有少数人才有全球伦理。全球伦理的要求是"爱人类"。爱全球人、爱那些与自己毫不相干的人才是爱人类，远远超出爱自己、爱家人、爱民族、爱祖国的水平。

说到底，伦理的本质就是忠诚。伦理是多层面的，一个人有多少层面的忠诚，就会有多少层面的伦理。所以，"是否忠诚"成为伦理的根本。一个人每个层次的忠诚度是不同的。一个人给与不同伦理层次多少忠诚度呢？取决于一个人的能量、内涵、层次，这些决定了给予自己、恋人、家人、民族、国家、人类多少忠诚度！

如果说古代氏族社会的伦理是一种自在状态，本质是为全体社会成员服务的，王族社会或者贵族社会的伦理就是一种为官状态或者官主民从状态,近代国家社会的伦理则是一种民主状态,后两种都是社会自主状态;那么,全球社会的伦理则是一种社会自为状态,标志着人类伦理阶梯提升到更高境界。

两个人的伦理和三人伦理、多人伦理有什么区别?人数由少到多,基本上可以认为两人伦理高于一人伦理,三人伦理高于两人伦理,民族伦理高于家庭伦理,国家伦理高于民族伦理,全球伦理高于国家伦理。

在笔者看来,无论是从宏观看人类伦理的发展高度,还是从微观看个人伦理的认同高度,全球伦理都是人类伦理链条的最高位阶。一般来讲,伦理发展的过程是从家庭伦理到民族伦理,再到国家理论,最后到全球伦理,这是人类伦理层次不断攀升或提升的链条过程。在这个伦理链条中,民族伦理高于家庭伦理,国家伦理高于家庭伦理、民族伦理,全球伦理高于国家伦理。

从微观看个人伦理认同的分布图,乃是一个饶有趣味的交叉网络。从单向视角看,即从个人伦理认同视角看,按照伦理认同强弱程度顺序,个人的伦理认同阶梯依次是家庭伦理、民族伦理、国家理论和全球伦理。认同伦理层次人数最多或认可度最强的是家庭伦理,其次是民族伦理,再次是国家理论,最后才是全球伦理。

个人因为道德伦理修养层次不同,伦理层次和境界也不同。伦理层次最低的人,只有家庭伦理,连民族伦理都没有,更不可能有国家理论和全球伦理。伦理更高境界的人,不仅遵守家庭伦理和民族伦理,而且还能遵守国家伦理,但并不能实现全球伦理。认同并遵循全球伦理是最高层次的人。不是所有的人都能拥有或达到全球伦理的素养,好多更高境界的人把伦理的适用范围仅仅锁定在具有同民族国家的人群之中。战争中杀死已经投降的敌人,在牢房中虐待战争俘虏,如阿富汗牢房中美国大兵虐待囚犯的事件,显然挑战了全球伦理的底线,没有理由认定虐待囚犯的美国大兵具有全球伦理的素质。只有履行或实践全球伦理的人才是伦理最高境界者。

一个人在多大程度上恪守何种伦理层次,取决于其对家庭、民族、国家、人类的忠诚程度。或者说,一个人到底在多大程度上忠诚于不同层面的群体,如对家庭、对民族、对国家、对地球的忠诚度,取决于个人对家庭利益、民族利益、国家利益、全球利益的取舍程度。其实,任何一个人都拥有多重伦理认同,只是认同程度不同而已,尤其取决于在其行动中对不同层次群体利益捍卫的程度。有的人捍卫家庭利益恪守家庭伦理多些,有的人捍卫国家利益恪守国家伦理多些,有的则捍卫民族利益恪守民族伦理多些。无论如何,追求并捍卫全球利益、恪守全球伦理的人最少,但是追求并捍卫全球利益、恪守全球伦理的人会越来越多。

如果从阶级、职业的不同角度观察人的伦理,伦理则可以划分为不同阶级伦理、不同职业伦理。"朱门酒肉臭,路有冻死骨"是阶级伦理的写照。泰坦尼克号船长最后一个离船,则是遵循职业伦理的反映。

综上所述,可以得出一个结论:所有层次的伦理都是受教育的结果;没有教育就没有伦理,几分教育几分伦理。不同层次的伦理教育是非常复杂的,不是本书的容量所能够包容的。下面重点研究法律职业伦理教育问题。

从人类伦理阶梯全景视域来看,法律职业伦理不过是人类伦理大厦的一个阶梯,而且只是人类伦理大厦中职业伦理的一小部分。从狭义的法律职业范畴分析,法律职业伦理主要包括法官、检察官、律师和公证员四种法律职业伦理,本书侧重研究前三者。

第二节　法律伦理是可教的吗

法律伦理是否可以通过教育得以实现？这是一个难题，不能简单给与回答。可以肯定的是，任何伦理包括法律伦理，都是不能仅仅通过学校教育来达到的，而是通过一个人从幼儿教育、家庭教育、朋友交往、中小学大学教育、工作经历等全部生活阅历沉淀为一个人的行为规范，使自己觉得非做不可、不能不做的伦理系统。这是一项巨大的工程。

无论是法官和检察官的伦理，还是律师的伦理，都不能简单靠他人的教育来达到。学校的教育对于道德养成的作用是有限的。为此，西方学者特雷安塔费勒斯极度悲观地得出一个结论：美德不可思议地可学，但并非必然明显地可教。我们能够获取美德，甚至似乎能够学习美德，然而却很难证明，我们彼此能够传授美德或教授美德。

究其原因和根源，美德、伦理是用来做的，不是用来说的。说好办，做很难。一个人的伦理准则基于内心的真实信仰演变为非做不可的一种行为规范时，那才是伦理在发挥作用。所以，法律伦理并非是完全可以用来教的，而一定是用来学（做）的。

西南政法大学法学院教授李昌盛探究了其中的问题与奥妙：目前全国法学院校与司法职业伦理相关的课程缺乏，绝大多数院校没有开设类似"法律伦理学""司法职业伦理""司法职业道德"等课程。即使开设了选修课程的法学院校，选课学生也寥寥无几。法学教育培养的主要对象是定分止争，甚至断人生死的司法官或者帮人排忧解难的律师，职业道德和品质对于其准确地理解、适用法律和树立司法公信、权威往往起着至关重要的作用。学者孙晓楼先生在《法律教育》中就曾指出："只有法律知识，断不能算作法律人才；一定要于法律学问之外，再备有高尚的法律道德"，"因为一个人的人格或道德若是不好，那么他的学问或技术愈高，愈会损害社会。学法律的人若是没有人格或道德，那么他的法学愈精，愈会玩弄法律，作奸犯科"。因此，应当把培养有道德的法律人作为法学教育的基本目标之一，现在已成为法学教育的"共识"。①

难能可贵的是，李昌盛发现了"法律伦理是不可教的"现象，"即使我们把司法职业伦理灌输给学生，学生也了解了道德要求，我们还是不能保证毕业后的学生能够按照职业伦理行事。衡量一个人是否有道德的标准，不在于他具备多少道德知识和技能，而在于能否在内心中接受自己的行为准则并据此实践。显然，职业伦理教育至多能够完成前一任务，却难以完成后一任务。这是学校专门化的职业伦理教育的限度之一"。② 因为学校教育只是教育的很小部分，学生伦理的成长是其所有生活经历、家庭环境、社会环境以及工作环境综合影响的结果。"学校不可能把学生限制在一个狭窄的纯净的道德真空中进行教育，更无法干预学生毕业后的工作、家庭和社会环境的塑造。正是由于每一个学生的个体生活的多样性和不可控性，所以学校根本无法完成所有的道德培养任务。"③

---

① 李昌盛：《司法职业伦理教育的限度》，《人民法院报第七版》2014 年 11 月 21 日。

② 李昌盛：《司法职业伦理教育的限度》，《人民法院报第七版》2014 年 11 月 21 日。

③ 李昌盛：《司法职业伦理教育的限度》，《人民法院报第七版》2014 年 11 月 21 日。

最后，得出结论道，"假如道德行为的养成主要是在实践中不断磨炼得来的，而不是道德知识的多寡，那么法学职业伦理教育的限度就显而易见。而实务部门也需要反思的是，我们的司法工作环境是否有助于有道德的法律人的养成？如果在司法职业活动中，坚守了司法职业伦理的人，非但不会得到肯定和褒扬，反而可能会导致某种'牺牲'；而放弃了司法职业伦理的人，却可能因此获益而不受惩戒，这到底是法学教育的问题，还是司法环境本身的问题，就需要我们深思"。[①]

目前我国各法律院校不太重视法律职业伦理教育，大部分院校没有开展法律职业伦理教育课程，也没有专职法律伦理的教学科研教师，教学科研成果自然严重不足。现有法律职业伦理教育研究基本上是各自为阵的状况，未能形成体系。

有学者提出，"我们对于法律职业伦理教育的研究虽然已经有了不少成果，但是通过对学术界研究的主要问题的梳理，依然可以看出对相关领域的研究尚有可以进一步深入的空间。在未来的研究中应当重点关注：如何进一步加强法律职业伦理教育的比较研究；如何进一步加强法律职业伦理教育的实证研究。"

第三节 法官检察官伦理

法官和检察官都属于官方人员，而律师则属于非官方的自组织社会成员，因此，两种伦理教育是有本质区别的。前两种伦理教育

[①] 李昌盛：《司法职业伦理教育的限度》，《人民法院报第七版》2014年11月21日。

服从或服务于国家利益,而律师的伦理宗旨则服务于当事人的利益。

一、法官伦理

法官伦理是法官在职业活动中必须遵守的一种价值准则和行为规范。它具有双重属性:一方面是社会属性,法官为社会服务,遵守和追求社会公正、公平、正义原则;另一方面是法律属性,具有权力属性,为国家利益服务。法官职业伦理以对法律的忠诚为第一要素。对法律的忠诚在于坚持司法独立、公平正义以及廉洁奉公等伦理价值伦。

研究法官职业伦理具有比较特殊的意义。"徒善不足以为政,徒法不足以自行",法官在防治司法腐败、保障司法公正中具有关键性作用。法官伦理有利于法官群体树立共同理念,有利于法官恪守职业道德,有利于维护法官群体的形象。"法官职业伦理则对塑造法官职业信仰,约束法官职业行为,培养法官职业美德,都是不可或缺的。……法官职业伦理的发展与完善,法官职业伦理之德性发展与建构,具有重要的理论和现实意义。"[1] "构建法官职业伦理,有助于提高法官素质,维护良好司法形象。"[2] "法律的本质要求是实现社会的公平与正义,司法又是实现正义的最后一道防线,法官作为依法行使国家审判权的主体,是秩序和公正的最具权威的维护者,是平衡人民和国家之间、人与人之间的权力利益的中立裁判者,因此法官的个人品格以及法律素养就显得尤为重要,二者的结合构成了法官的职业伦理"[3]。法官的判决是司法公正的最后一道公正之

---

[1] 刘欣:《论我国法官职业伦理之德性建构》,《江汉大学学报》2019年第7期。
[2] 陈秋羽:《法官职业伦理研究》,《河北经贸大学学报》2017年第5期。
[3] 宋阔:《论法官职业伦理》,《法治博览》2016年4月25日。

门，因此法官坚持实体和程序上的司法公正的伦理十分重要。

审判独立的伦理是法官伦理的重要内涵，包括法官维护对外独立的伦理、保持对内独立的伦理。

清正廉洁的道德规范是法官伦理的重要内容。它要求法官不得谋取任何不当利益、不得参与经营活动，要抵制腐朽生活方式、督促其家庭成员遵守相关道德规范。做到这些是很难的，需要很高的伦理自律。

此外，法官伦理还包括提高司法效率、勤勉敬业、遵守审限、加强对当事人诉讼引导、遵守司法礼仪、约束业外活动等。

二、检察官伦理

检察官是国家利益的代表，履行神圣的法律监督职责，具有职业的权威性。"这种职业的权威性不仅来自于法律赋予检察官的权力，更应当来自于社会公众对检察官的发自内心的信服。这就要求检察官不仅应当具备法律专业知识和技能、职业道德，更应当具备职业伦理，方能赢得声望和名誉，获得真正的职业权威，担当起国家法律监督的重任。"[①] 其实，检察官职业伦理只是对检察官职业行为规范的最低要求或者底线伦理规则，是基于检察官的职位而产生的"各守其职、各守本分"。诚然，检察官是法律职业共同体中的重要成员，因此检察官不同于一般公务人员，需要经过长期的法律专业学习和训练后，形成一种基于纯粹技术的身份荣誉感和责任感。

检察官伦理也称为检察官职业伦理或检察官职业道德，是指检察官在履行其职责过程中应该遵循的行为规范。在我国，检察官是

---

① 陈帮峰：《浅谈检察官职业伦理》，《党史纵览》2016年12月15日。

从事检察事务即法律监督事务的国家官员。"我国检察官惩戒制度包括错案惩戒、违反法定职责的惩戒和违反检察官伦理的惩戒。我国向来都十分重视错案惩戒，但由于错案在界定上较为模糊，使检察官成为"戴着脚镣的舞者"，而影响检察官独立办案。在反思错案惩戒制度的基础之上，应当推进惩戒事由的转向，从错案惩戒为主转为不当行为惩戒为主。在实体方面，从错案惩戒、违反法定职责惩戒和违反职业伦理惩戒三个方面定义惩戒内容。在程序方面，在程序正当和外部监督的原则下，从惩戒主体和惩戒程序等方面对惩戒制度进行细化。"[1]

2009年最高人民检察院发布的《检察官职业道德基本准则（试行）》规定检察官职业伦理的内容具体包括如下内容：首先，忠诚规则，包括对国家的忠诚、对人民的忠诚、对宪法和法律的忠诚，也包括对执政党中国共产党的忠诚，这有别于西方国家要求的检察官须超越党派利益、保持政治中立。其次，公正规则。公正是国际上检察官职业伦理的核心准则，也是我国检察官职业伦理的核心内容。检察官并非法庭上单纯的控诉当事人，而是国家法律监督者；检察官代表国家追诉犯罪，并非为了一方利益，而是为了维护社会公平正义，保障社会公共利益。所以，检察官应当秉持公正的理念进行法律监督，要敢于监督、善于监督；应当超越单纯的控诉角色，以公正的方式和程序打击犯罪，全面收集、调取证据，在打击犯罪的同时不能忽略保障人权，不能为追求办案效率而将错就错勉强起诉造成冤案。第三，清廉规则。检察官作为法律监督者，必须加强对自身职业活动的制约，以自身的清正廉洁赢得社会公众的信任和支

---

[1] 陈鹏飞：《我国检察官惩戒制度研究》，《西部法学评论》2017年8月20日。

持，提高检察公信力。只有自身清正廉洁，才能有监督的底气和资格，才能有监督的力度和实效，才能不偏不倚、不枉不纵地行使检察权。检察官自身是否清正廉洁，关乎检察机关整体形象和检察公信力，影响案件公平公正，影响社会公平正义。清正廉洁是对检察官的终生要求，除了约束在职检察官，清廉规则也对退休检察官有约束力。第四，文明规则。文明是对检察官职权行为的态度、作风和形象的伦理要求，在崇尚法治的时代，检察官要树立理性、平和、文明、规范执法的新理念，要弘扬人文精神，体现人文关怀，宽严相济，以人为本，做到执法理念文明，执法行为文明，执法作风文明，执法语言文明，使社会公众不仅能感受到法律的尊严和权威，而且能感受到检察官的精良素质。

客观公正是检察官在司法活动中必须遵守的基础性原则。"客观公正义务要求检察官既要履行追诉犯罪的国家职能，同时更要在追诉犯罪的过程中保障人权。这就要求检察官须居于中立客观的地位，超越当事人的立场，不能以对被追诉人定罪量刑作为唯一的价值追求，而是对案件的公平正义负责，对法律负责，体现检察官是国家法律守护者的地位。但是，我们需要看到的是，我国检察官客观公正义务的履行并不乐观，存在很多问题和现实困境。其中，特别需要注意的是刑事错案中的客观公正义务履行的缺失。"[1]

第四节 律师伦理

律师伦理是人类伦理谱系中的重要一环。律师伦理从属法律者

---

[1] 刘杰：《检察官客观公正义务研究》，《四川师范大学学报》2017年5月26日。

伦理，法律者伦理从属于职业伦理。律师伦理不仅区别于其他层次伦理，而且与其他法律者伦理相区别，具有自身独特的伦理风格。律师伦理远比大众伦理的要求高得多。不过，不仅同样的法律伦理对法官、律师的要求不尽相同，不同的法律伦理对法官、律师的要求就更不相同。如维护正义对法官的要求高于律师，诚信对于律师的要求更高一些。律师为当事人维权而受到爱戴，也因对方当事人的"记恨"而被打入十八层地狱，被认为比罪大恶极的坏人还坏。律师的神圣使命是正义，还是利益？是诚实，还是权益？因此，律师伦理成为一个重要的研究课题。

由于本书第一作者是一名兼职律师，为此对律师伦理进行了比较深入的研究，较之前面法律职业伦理更加细腻。

一、律师伦理的历史沿革及其内涵

律师制度可以追溯到两千多年前的古希腊古罗马时代（中国古代根本就没有律师制度），但西方到了16世纪，律师职业才受到人们的特别关注，而且"自这一职业产生之日起，人们对于律师职业伦理问题的讨论就没有停止过"。[1] 美国学者认为律师的服务对象是亚群体，"律师经常成为迥异的亚文化的调和人，接受着来自各种客户相冲突的预期的压力。"[2] 这种看法是偏激的。其实，律师的服务对象是一切需要法律帮助的人，需要帮助的主体不仅仅是亚群体和弱势群体，而是且包括主流群体和强势群体。

---

[1] 闫博慧：《律师执业伦理的价值取向》，《福建论坛（人文社会科学版）》2011年第7期。

[2] ［美］迪特里·希鲁施迈耶著，于霄译：《律师与社会》，上海三联书店2010年版，第10页。

中国是世界四大文明古国，法律历史源远流长。① 然而，由于宗法制传统文化的制约，特殊的封建政治、经济、文化、人文背景，特权制度非常发达，保护平等人权的制度极其薄弱，严重制约了律师职业的发展，以至于到了现代我国的律师制度依然存在严重问题，暴露出律师制度姗姗来迟、先天营养不足后天发展宕荡起伏、极不平衡以及盲目性、无序格局等特点和缺陷。中国历史上的讼师不是严格意义上的律师，严格意义上的律师始于晚清的法律改革，受到西方影响，但当时是服务于特权利益的工具。

古代中国，"辩护士""讼师"的零星活动折射出的踪影不属于律师行为。春秋战国时代的"辩护士""讼师"，以士荣、邓析为代表。他们虽也参与刑事辩护及撰写词状工作，但其代理的对象仅限于"大夫""国君"等上层人物，辩护依据的是礼而非刑，活动的目的是为等级制度服务。严格讲，中国律师文化是伴随着西方律师制度的引进和移植，在近代产生的一种文化现象。一旦产生就受到中国传统文化的抵制，出现普遍畏权、厌诉轻法、金钱至上、轻视平民、无序执业等现象。

现代中国律师文化源于战争年代红色根据地，始于新中国初期。中国法制史上第一次使用"律师"一词，并规定被告人可以委托律师为其辩护的制度，是1954年我国第一部《人民法院组织法》之后的事情，诞生律师制度，直到1957年反右运动扩大化之前，中国律师业才得以迅猛发展。但"文革"时期，律师文化被洗涤得荡然无存。党的十六大召开之后，中国律师文化得到整体上扬和提升。1980年颁布《中华人民共和国律师暂行条例》。根据该条例，中华

---

① 从夏朝算起已有4000多年的历史了。

全国律师协会于 1986 年 7 月成立，为社会团体法人，是全国性的律师行业自律性组织，依法对律师实行行业管理。从此，律师制度和律师伦理得到长足的发展。

律师伦理在中国社会中发挥了不可替代的作用。"律师在配合司法机关作出裁判，实现程序公正和实体公正，以及在监督法官正当行使裁判权，确保司法廉洁和公正方面发挥着重要作用"。① 律师在参与诉讼，保障司法公正中的作用将会不断加强。应该说，中国律师队伍的不断成长和成熟，见证了中国法制建设的不断完善和进步。2007 年 10 月 28 日，十届全国人大常委会第三十次会议审议通过了修订后的《中华人民共和国律师法》，2008 年 6 月 1 日正式实施。②《律师法》对律师履行社会职责和维护社会正义的作用，有的学者概括为如下几个方面："新修订的《律师法》表明律师职业和律师的作用已逐渐为社会主流认可的事实"；"整个社会在认可律师职业和律师作用时，包括国家权力机关和社会舆论在内的各种监督，也引导了律师业的方向，纠正了律师职业道德伦理标准和律师行为的偏颇"。③

何谓律师伦理？有的学者认为，"律师执业伦理，是指作为律师业务从业人员和律师执业机构所应当遵守的行为规范的总称。律师执业伦理是法律执业道德的重要组成部分，是指导律师执业行为的准则，是评判律师执业行为是否符合律师执业要求的标准，是对违

---

① 王济东：《试述律师在保障司法公正方面的作用》，《广西民族学院学报》2005 年第 4 期。
② 栾少湖、王中：《关于"法官眼中的律师"与"律师眼中的法官"的调研报告》，《中国司法》2006 年第 12 期。
③ 栾少湖、王中：《关于"法官眼中的律师"与"律师眼中的法官"的调研报告》，《中国司法》2006 年第 12 期。

规律师、律师事务所追究执业责任的依据"。① 很显然,这里讲的只是法定的律师伦理,或者法律化了的律师伦理,除此之外,还有律师行业伦理。如律师发现自己当事人罪大恶极,出于正义良心在庭上指认自己的当事人有罪,这对社会、对被害人都是一件大好事。但这却违背了律师行业伦理,这个律师将被请出或自己退出律师行业。律师的本质就是要帮助自己的被代理人或辩护人,而不能反过来指认自己的当事人有罪或有过。如民间所说,"拿人钱财,与人消灾",而不能"拿人钱财,与人加灾"。

律师伦理虽然属于法律职业伦理,但是不同的法律伦理规范对于不同的法律职业者的要求是不尽相同的。基于法官是国家利益的维护者,律师是当事人合法权益的保卫者,所以维护正义对法官的要求高于律师,诚信对于律师的要求更高一些。有学者明确提出,"法律职业伦理规范在不同的法律行业中的要求明显不同,轻重程度也不同,比如关于维护正义的规范,对法官的要求明显高于检察官、律师的要求,而诚信规范则更多地是对律师等法律服务人员的要求"。② 律师伦理涉及委托人的利益、第三人的利益、社会公共利益以及律师行业自身的利益,因此对律师伦理的关注远远超出了法学界,已成为社会公众关注的公共问题。③

二、律师伦理缘何成为问题

正如本书前面所言,律师(伦理)的神圣使命摇摆于正义与利

---

① 李本森:《法律职业伦理》,北京大学出版社2008年版,第160页。
② 李本森:《法律职业伦理》,北京大学出版社2008年版,第43页。
③ [美]戴维鲁本著,戴锐译:《律师与正义》,中国政法大学出版社2010年版,译者引言第1页。

益、诚实与权益之间,使得律师伦理成为问题。其中最主要的有两大问题。

首先,在已有的法定的律师伦理中,权利与义务的规定不成比例。法律的本质要求权利与义务必须相对应成比例。宗教伦理以及道德要求,往往是义务和责任的要求多一些,权利的给予少一些,甚至不规定权利。这对人是不公平的。法律则尽可能给人以最大的公平。最公平的法律是民法或私法,公法则不然。"律师法"属于公法范畴,不属于私法或民法范畴。

基于上述法理,律师伦理是权利与义务的双面性和非对等性,不可把伦理的本质简单归结于义务和责任而缺乏权利意识,即律师维护自身的合法权益,也是律师伦理的重要内容。《中华人民共和国律师法》对律师义务和责任的规定远远多于权利。关于律师权利的规定有10条,即第28条到第37条。"律师担任诉讼代理人或者辩护人的,其辩论或者辩护的权利依法受到保障。"[1] "律师在执业活动中的人身权利不受侵犯。律师在法庭上发表的代理、辩护意见不受法律追究。但是,发表危害国家安全、恶意诽谤他人、严重扰乱法庭秩序的言论除外。"[2] 关于律师义务的规定很多,从第38到42条,第47到56条,共15条,而且对律师"不得"的规定十分严格。相比较而言,法律对律师权利的规定多半是模糊的、笼统的、抽象的(只有第28条比较具体,指出律师的业务范围),而对义务或责任的规定是具体的、严厉的。此外,《律师法》对律师最根本的规定义务是"律师担任诉讼法律事务代理人或者非诉讼法律事务代

---

[1] 《中华人民共和国律师法》第三十六条。
[2] 《中华人民共和国律师法》第三十七条。

理人的，应当在受委托的权限内，维护委托人的合法权益"。①

其次，律师伦理与大众伦理具有一定的差异性。如律师在信奉正义、诚实、守信、廉洁等方面的要求远远高于普通民众的伦理要求。律师伦理一方面要求恪守社会正义，另一方面还要求律师尽最大努力维护委托人的合法权益。因为，没有律师职业伦理约束的代理，是对委托人的最大伤害和不负责任，更是对律师信誉以及整个律师队伍形象的损害。有的学者提出，"法律职业还要求其加强职业技能，以及通过职业道德伦理抑制其职业中的非道德性成分"。②"律师帮助解决民事纠纷时要收取诉讼费，但律师不得对当事人抱有同情心，对于犯罪嫌疑人的暴行不得嫉恶如仇，应根据诉求进行辩护等等。"③ 有的学者提出，律师伦理与大众伦理也存在一定的反差。"遵从律师职业伦理往往意味着背离一般公民道德。律师与客户关系的性质，要求律师职业伦理的核心只能是对客户（委托人）的忠诚尽职。律师在社会法治中的角色，意味着律师只能在道德冲突中选择遵从律师职业道德。律师能否在社会法治中发挥作用，取决于律师作为一个职业群体是否可以信赖；因而，律师个体必须遵从整个群体职业伦理，而无关乎其个人的道德观。律师职业伦理不仅仅是一种义务，也应当是一种权利，所以律师职业伦理不仅是道德问题，更应该是法律问题。"④

---

① 《中华人民共和国律师法》第三十条。本法于1996年5月15日第八届全国人民代表大会常务委员会第十九次会议通过，2007年、2012年2017年多次修正。
② 张军英：《律师道德伦理与社会正义》，《河北学刊》2013年第5期，第158—161页。
③ 张军英：《律师道德伦理与社会正义》，《河北学刊》2013年第5期，第158—161页。
④ 廖志雄：《律师职业伦理：冲突与选择、道德权利及其法律化》，《西部法学评论》2013年第2期。

诚然，应然状态的律师伦理和实然状态的律师伦理存在很大的反差。很多律师水平参差不齐、为当事人伸张正义的高度不同、正当得利的程度不同，造成实际上律师伦理水平的千差万别。为此，有学者认识到，"近年来关于律师道德失范、虚假宣传的说法甚嚣尘上，严重者已危及律师行业正常发展"。① 有的学者提出了当今形势下律师职业道德建设存在的问题。有的律师自身职业素质不高；律师代理费的收取不规范；个别律师的职业行为不端；律师行业不正当竞争扰乱秩序等等。② 总之，"不管是法律人的心态、法律教育的方式、法律伦理的建立，都出了很大的问题"。③

针对律师伦理存在的后一个问题，学界提出一些相关建议。蔡永清提出完善与优化律师职业道德建设的一些建议，即加强律师职业道德建设，塑造良好的律师形象；注重业务理论学习，不断提升业务水平和执业能力；健全完善律师职业道德教育培训机制；加大监督检查的力度，规范律师的职业道德行为；健全完善律师执业行为考核奖惩机制。④ "针对律师工作中存在的不容忽视问题，笔者结合自己多年的工作经历就目前律师的职业道德建设提出针对性对策。塑造良好的律师形象，注重业务理论学习，不断提升业务水平和执业能力；健全完善律师职业道德教育培训机制；加大监督检查的力

---

① 于晓鑫：《我国律师职业道德规制》，《法制与社会》2017年第61期
② 蔡永清：《律师职业道德建设中存在的问题及解决对策》，《法制与社会》2017年第2期。
③ 陈长文、罗智强：《法律人，你为什么不争气：法律伦理与理想的重建》，法律出版社2007年版，第7页。
④ 蔡永清：《律师职业道德建设中存在的问题及解决对策》，《法制与社会》2017年第2期。

度,规范执业行为;建立健全优化考核奖惩机制,提高律师队伍素质。"①

然而,学者的这些看法流于纸上谈兵,无力扭转律师界的乱象。清者自清,浊者自浊,应当是律师界的自然法宝。尽管前一个问题是无解的,但是后一个问题是有解的。

三、律师伦理的特征

律师职业的特殊性决定了律师伦理的特征,具体说,是由于律师职业的性质决定了对于律师职业行为的管理和道德约束具有"行业自治"的特点。律师的价值在于通过为当事人服务,对社会公平、法律正义有所贡献。"任何一家法律事务所成功与否的价值衡量,其对社会的参与和贡献,是一个重要的量度。"② 律师通常由一定的法律、规章进行规制。我国的律师伦理规制还存在许多不成熟的地方。

法律只对律师职业道德做了一般性的规定,对律师职业道德的特征没有进行具体的规定。法律的规定一般包括律师执业的一般纪律;律师在处理与审判机关、检察机关、仲裁机关的相互关系时应遵守的执业纪律;律师在处理与委托人、对方当事人、同行关系中应遵守的执业纪律;律师道德规范的实施等问题。③ 有的学者则认为,律师执业伦理的适用对象十分广泛,具有明确的规范性。我国律师规范性法律、司法解释和规章主要包括《中华全国律师协会章程》《律师执业行为规范(试行)》《律师办理刑事案件规范》《律

---

① 蔡永清:《律师职业道德建设中存在的问题及解决对策》,《法制与社会》2017年第2期。

② 陈长文、罗智强:《法律人,你为什么不争气:法律伦理与理想的重建》,法律出版社2007年版,第2页。

③ 章武生、韩长印:《律师职业道德之比较》,《法学评论》1998年第4期。

协会会员违规行为处分规则》等。①

一般来讲，职业伦理的要求都高于普通民众的伦理要求，而律师职业伦理要求律师在执业中遵守的伦理要求高于大众伦理。律师伦理的水平不仅高于大众伦理，而且高于其他法律者职业伦理。有学者明确提出，"社会对执业律师社会作用的期望值往往高于普通职业者，律师职业的特点使其执业道德伦理标准和其他普通职业者有相似的基础又有特殊职业的差异。律师坚持执业道德伦理标准是其维护中国法制和社会公平正义的前提，也是真正实现律师职业化的基础"。②"社会对执业律师社会作用的期望值往往高于普通职业者，律师的执业道德伦理水平往往要高于普通职业者。律师坚持执业道德伦理标准是律师行业维护法制和社会公平正义的前提，也是真正实现律师职业化的基础。中国律师要敢于用自己的职业特长和聪明才智，为中国社会的民主法制建设，为和谐社会的创立和中国特色社会主义文化、经济建设做出应有的贡献。"③律师伦理水平高于大众伦理的原因很简单，"律师职业理念健康""熟悉法律条文和原理""有较好的法律理论和实践水平"。④

律师伦理说到底应当遵循什么原则？概括起来，主要有律师伦理的法定主义和律师伦理的当事人主义两个方面。

律师伦理法定主义者认为，《律师法》对律师的权利与义务都做了相应的法律规定。根据我国《律师法》规定，律师伦理与法官伦

---

① 李本森：《法律职业伦理》，北京大学出版社 2008 年版，第 160—162 页。
② 张军英：《律师道德伦理与社会正义》，《河北学刊》2013 年第 5 期，第 158—161 页。
③ 张军英：《律师道德伦理与社会正义》，《河北学刊》2013 年第 5 期，第 158—161 页。
④ 栾少湖、王中：《关于"法官眼中的律师"与"律师眼中的法官"的调研报告》，《中国司法》2006 年第 12 期。

第八章　法律职业伦理教育

理并不一致。法官伦理的核心是"公正、廉洁、为民""忠诚司法事业""保证私法公正"①。《律师法》对律师伦理做了抽象的规定，"律师执业必须遵守宪法和法律，恪守律师职业道德和执业纪律。律师执业必须以事实为根据，以法律为准绳。律师执业应当接受国家、社会和当事人的监督。律师依法执业受法律保护，任何组织和个人不得侵害律师的合法权益"。② 这些规定都很笼统、抽象，并不具体。一旦遇到法律冲突、法律精神与当事人利益的冲突、律师利益与社会公正发生冲突，就会产生律师伦理在应然状态与实然状态的冲突。律师执业中，往往利用法律冲突，寻找有利于当事人的法律规定，赢得本方代理当事人在诉讼中的胜诉地位，以完成自己的律师代理任务。为此很多律师选择以自己的利益为重心，甚至个别律师不顾社会正义和社会风气，造成很不好的社会影响。

律师伦理当事人主义者认为，律师伦理的当事人主义就是当事人利益中心主义，为当事人的合法权益服务。这是律师伦理应该遵循的根本原则。这个原则说起来很容易，做起来却很难。有很多人赞同这种观点，"我国目前正处在一个政治、经济、文化全方位转型的新时期。律师作为法务市场下最自由的法律职业主体，越来越受到各种伦理的冲突。笔者认为律师的角色应该完全定位为当事人主义"。③ 律师执业准则是为当事人服务，这是律师的忠实义务，但是，忠实于当事人不能违背社会正义。有人提出，"律师对当事人的'忠实义务'，并不是要求律师颠倒黑白、让当事人有罪变无罪，而

---

① 《中华人民共和国法官职业道德基本准则》，第二条、第二章、第三章。
② 《中华人民共和国律师法》第三条。本法于 1996 年 5 月 15 日第八届全国人民代表大会常务委员会第十九次会议通过，2007 年、2012 年 2017 年多次修正。
③ 张林波、李霞：《律师执业基本伦理冲突与角色定位》，《和田师范专科学校学报》2006 年第 26 卷第 5 期。

是要以当事人利益为中心，在不违反诚实义务的情况下，为当事人争取最佳的法律待遇"。①

　　总之，律师伦理是一种特殊形态的职业伦理。不同职业有不同的伦理要求。职业伦理仅限于职场当中，保证自己经营的职业或商品是兼具品质与数量，才是合乎职业伦理的。特殊的职业有特殊的伦理。泰坦尼克号的船长能第一个下船吗？飞机驾驶员在飞机出事时能第一个跳伞吗？答案都是"不能"，那正是职业伦理的要求。同样，伸张正义、维护当事人合法权益是对律师伦理的特殊要求。律师伦理是人类伦理阶梯中比较重要的一环，但其位阶低于民族伦理、国家伦理、全球伦理。

---

　　① 陈长文、罗智强：《法律人，你为什么不争气：法律伦理与理想的重建》，法律出版社2007年版，第39页。

第九章

中国法治新时代

改革开放40多年，习近平总书记把中国带入一个新时代，相应也就揭开了中国法治、法学教育的新时代，从而揭开了案例研习的新时代。

第一节 法治新时代

何为"新时代"？十九大报告提出中国发展新的历史方位，即中国特色社会主义进入了新时代。这是一个重大判断，是从党和国家事业发展的全局视野，从改革开放40多年历程和十八大以来取得的历史性成就和历史性变革的方位上，所做出的科学判断。这个新时代，是承前启后、继往开来、在新的历史条件下继续夺取中国特色社会主义伟大胜利的时代。十九大报告立足于党的十八大以来的新实践新成就，谋划了到21世纪中叶的奋斗目标。2017年10月18日，在中国共产党第十九次全国代表大会上，习近平总书记郑重宣示，"经过长期努力，中国特色社会主义进入了新时代，这是我国发展新的历史方位"。这一宣示概括了中华民族文明的伟大飞跃,坚定了中国共产党的时代使命。马克思指出,"我们判断这样一个变革时代也不能以它的意识为根据;相反,这个意识必须从物质生活的矛盾中,从社会生产力和生产关系之间的现存冲突去解释"。从马克思、列宁到毛泽东、邓小平,不同的时代划分尺度是相互贯通、有机统一的,它们共同构成了马克思主义的时代划分标准。因此,中国特色社会主义进入新时代,是新时期运用马克思主义时代划分标准关照现实的结果。

何为法治新时代?就是要在法治方面实现一个更高的目标:更重视党对法治的领导,更重视党在宪法和法律范围内活动;更重视保护公民的合法权益,更重视保障人权;更重视控制公权力,把权力关进制度的笼子里;更重视民主立法和科学立法;更重视法治政府建设;更重视促进公正司法;更重视反腐败和廉政建设。很显然,这既包括对新时代中国社会主义法治特色的(部分的)事实判断,更是一个有待提高、继续努力的应然判断。

新华社北京 2019 年 6 月 9 日电,近日,中共中央发出关于印发《习近平新时代中国特色社会主义思想学习纲要》的通知。学习纲要的第八部分,即《全面推进依法治国——关于新时代坚持和发展中国特色社会主义的本质要求》提出下述要求:全面依法治国是国家治理的一场深刻革命;坚定不移走中国特色社会主义法治道路;建设中国特色社会主义法治体系;维护社会公平正义、司法公正;在党的领导下依法治国、厉行法治。① 该《通知》要求,"要在多思多想、学深悟透上下功夫,深入学习领会这一思想

---

① 全面推进依法治国(习近平新时代中国特色社会主义思想学习纲要⑨),发稿时间:2019 年 8 月 1 日 12:54:00,来源:人民网-人民日报。

的时代意义、理论意义、实践意义、世界意义,深刻理解其核心要义、精神实质、丰富内涵、实践要求"。无疑,党和国家已经把"全面推进依法治国"作为中国法治追求的伟大目标。可以说,中国法治的新时代是新时代追求的法治目标,或是新时代在法治方面的落实。

诚然,习近平新时代中国特色社会主义法治的新时代与我国法律教育的案例研习的新时代,也许是一种巧合,但习近平社会主义法治新时代唤醒了中国法治教育的新时代,也唤醒了案例研习的新时代,它们之间有着事实性的联系。

习近平的新时代,不仅迎来了国内社会主义发展的新时代,而且迎来了中国在国际舞台上大有作为的新时代——一种崭新的国际理念,即构建人类命运共同体的倡议与全球战略喷薄而出。

第二节 构建人类命运共同体的思想体系渊源及实践

正当全球问题严重威胁人类生存与发展、西方经济停滞发展与爆发金融危机、民粹主义肆虐横行走进死胡同的年代,习近平总书记在十九大报告中提出构建人类命运共同体,为人类危机指出新的航标。中国经济体量的迅速提高,通过"一带一路"和"亚投行"提升了中国对全球的影响,把中国外交政策及其实践提升到一个全新的时代。

习近平总书记在十九大报告中提出,基于"我们不能因现实复杂而放弃梦想,不能因理想遥远而放弃追求。没有哪个国家能够独自应对人类面临的各种挑战,也没有哪个国家能够退回到自我封闭的孤岛",① 顺应全人类追求世界和平的历史潮流,回应解决全球问题的时代要求,反对单边主义、零和博弈的全球扩张,"我们呼吁,各国人民同心协力,构建人类命运共同体,建设持久和平、普遍安全、共同繁荣、开放包容、清洁美丽的世界"。② 在西方金融危机、英国脱欧、美国民粹主义横行的时代,中国提出构建人类命运共同体理念,无疑具有重大而深远的现实意义和实践价值。构建人类命运共同体思想的理论意义是对历史上共同体思想的巨大提升。由于"共同体"理论有深厚的历史和理论渊源,无论是西方文明,还是中国传统,都有相关丰富的论述,但都远未达到"构建人类命运共同体"的思想高度。"构建人类命运共同体"不仅吸收借鉴以往共同体理论的精华,而且扬弃了以往"共同体"思想的不足部分,致力于丰富和发展"共同体"的理论构建,因此具有重大理论价值。

一、"构建人类命运共同体"的提出及其体系的完善

人类命运共同体的思想是中国共产党人对"人类共同体"思想理论体系的一个巨大贡献,这是中国共产党人不断努力、不断探索、逐渐深入的过程。中国共产党人从1921年"一大"接受马克思主义社会主义共同体思想到十九大提升为人类命运共同体的提出,经历了漫长的思想历程和艰苦卓绝的实践考验。

---

① 出自中国共产党《十九大报告》"十二、坚持和平发展道路,推动构建人类命运共同体"。

② 出自中国共产党《十九大报告》"十二、坚持和平发展道路,推动构建人类命运共同体"。

在可查找的文字材料中，从党的七大[①]到十九大报告中，"共同体"一词共出现12次；其中有2次是"命运共同体"，表明的主题是对台湾同胞的关怀；有7次是"人类命运共同体"，是把全人类视为同胞的终极关怀，表明中国共产党人把给予台湾同胞的关爱给予了全人类。因此不难发现，"人类命运共同体"范畴是从中国共产党人从关怀台湾同胞而用的"命运共同体"中提升和转化而来的。"命运共同体"最早出现在十七大报告中，是对台湾同胞的关怀中提出来的，"十三亿大陆同胞和两千三百万台湾同胞是血脉相连的命运共同体"。[②] 第二次是十八大报告对台湾同胞的继续关怀，"两岸同胞同属中华民族，是血脉相连的命运共同体，理应相互关爱信赖，共同推进两岸关系，共同享有发展成果"。[③]所以，"人类命运共同体"是对"命运共同体"的理论放大，是从关怀台湾同胞到关怀人类全体成员提升的历史必然。这种关怀来自中国共产党人近年来从参与全球化到引领全球化而实现中国外交理念的一次飞跃。

从胡锦涛在十八大报告中首次提出"人类命运共同体"到习近平十九大报告主张"构建人类命运共同体"体系性思想，实现了"共同体"思想的伟大飞跃，核心是反对战争、主张世界和平，并把世界和平发展的主题从"合作共赢"提升到"互利共赢"。

"人类命运共同体"首次出现在胡锦涛同志主持的第十八次全国

[①] 中国共产党第一次至第六次代表大会的相关政治文件，在网上并未查到相关文字材料，只有第七次代表大会，由毛泽东于1945年4月23日作《论联合政府》政治报告，留下了完整的文字报告。
[②] 出自中国共产党《十八大报告》"十、丰富'一国两制'实践和推进祖国统一"。
[③] 出自中国共产党《十八大报告》"十、丰富'一国两制'实践和推进祖国统一"。

代表大会中,是对"合作共赢"的深度解释。① 胡锦涛提出,在国际关系中应该弘扬合作共赢的精神,而合作共赢就是要有人类命运共同体意识,即各国共同发展,同舟共济,一起承担国际责任,建立更加平等的新型全球发展伙伴关系,增进人类共同利益。

"人类命运共同体"第二次到第七次出现在习近平主持的中国共产党第十九次全国代表大会中。第二次出现在十九大报告的第一部分即"过去五年的工作和历史性变革"的内容里。② 习近平在总结过去五年外交工作中提到中国倡导建构人类命运共同体,促进全球治理体系变革,要为世界和平与发展做出新的贡献。第三次提到中国特色大国外交就是要推动构建新型国际关系,推动构建人类命运共同体。③ 第四次提到中国梦与世界各国人民的梦是息息相关的,中国梦的实现需要稳定的国际环境和秩序,因此"必须统筹国内国外两个大局,坚持推动构建人类命运共同体,始终做世界和平的建设者、全球发展的贡献者、国际秩序的维护者"。④ 第五到七次出现在十九大报告的第十二部分。第五次出现在第十二部分的标题"坚持和平发展道路,推动构建人类命运共同体"里。第六次"呼吁全国人民一起为构建人类命运共同体而努力,建设一个持久和平、普遍安全、共同繁荣、开放包容、清洁美丽的地球家园"。⑤ 第七次"呼

---

① 出自中国共产党《十八大报告》"十一、继续促进人类和平与发展的崇高事业"。原文是"合作共赢,就是要倡导人类命运共同体意识,在追求本国利益时兼顾他国合理关切,在谋求本国发展中促进各国共同发展,建立更加平等均衡的新型全球发展伙伴关系,同舟共济,权责共担,增进人类共同利益"。
② 出自中国共产党《十九大报告》"一、过去五年的工作和历史性变革"。
③ 第三次出现在十九大报告的第三部分"新时代中国特色社会主义思想和基本方略"内容里。原文是"明确中国特色大国外交要推动构建新型国际关系,推动构建人类命运共同体"。
④ 出自十九大报告的第三部分"新时代中国特色社会主义思想和基本方略"。
⑤ 出自十九大报告的第三部分"新时代中国特色社会主义思想和基本方略"。

吁为了人类美好的未来,一起努力构建人类命运共同体"。① 上述关于"人类命运共同体"思想的演进过程,足以证明十九大已经把构建人类命运共同体提高到"人类思想战略"的高度,促使人类命运共同体思想形成体系性的思想。这是一种思想的突破与成熟。

可以说,十九大"构建人类命运共同体"的思想之所以与西方文明提倡的以个人主义为核心的世界主义具有本质区别,是因为中华文明的深厚根源是中华"天下大同""天下主义"传统文明在新时代的一次巨大提升。

二、"人类命运共同体"的中华思想根源

从中华文明发展规律角度看,十九大关于"构建人类命运共同体"的理念是一个由"天下大同思想"发展为"共同体思想",再发展为"命运共同体思想",进而发展为"人类命运共同体思想"的过程。这个过程不是没有发展轨迹可研究的。因为人类命运共同体思想是中国共产党人对中华文明的继承与发扬、提升和创新,中华文明对人类命运共同体的追求有自己的特色。

中华文明的发展过程是从追求"和而不同"的"天下体系"或者"大同天下"直接提升为"命运共同体"再提升为"人类命运共同体"的过程。中华文明关于共同体思想是"天下为公""天下大同";反对"同而不和",追求"和而不同";② 崇尚和平反对战争;主张崇文与贵和,③ 反对尚武与冲突。

传统中国的"共同体"观主要可以追溯到儒家的"大同社会"

---

① 出自十九大报告的第三部分"新时代中国特色社会主义思想和基本方略"。
② 《论语·子路第十三》,"君子和而不同,小人同而不和"。
③ 李彩晶:《儒家"贵和"思想及其当代价值》,《广西社会科学》2009 年第 8 期。

理念，强调"大同"即普遍的共同，以及人们对美好生活的共同追求的一致性。"大同社会"理念是古代中华文明关于理想社会模式最具代表性的系统阐述。"天下大同"的共同体思想在《礼记》中表述得淋漓尽致："大道之行也，天下为公，选贤与能，讲信修睦，故人不独亲其亲，不独子其子，使老有所终，壮有所用，幼有所长，矜、寡、孤、独、废疾者，皆有所养。男有分，女有归。货，恶其弃于地也，不必藏于己；力，恶其不出于身也，不必为己。是故，谋闭而不兴，盗窃乱贼而不作，故外户而不闭，是谓大同。"①

可以说，人类命运共同体和儒家大同思想具有内在的相通性，儒家对于人的生存价值的尊重，对于和谐社会进步发展的追求，倡导公平正义，与人类命运共同体的价值追求，都是相互贯通的。从文化传承角度看，儒家大同思想与人类命运共同体蕴涵着"和而不同"、求同存异的文化理念，②儒家大同思想也孕育着人类命运共同体的思想。中国古代"天下观"的国际关系内涵包括"礼之用，和为贵""天下为公""世界大同""四海之内，皆兄弟也"等理念。儒家这种天下观追求"天下为公""世界大同"以及"四海之内皆兄弟"的思想，与现时代的"全球化""地球村"或全球公民的观念与认同在本质上是相通的。中国古代国际政治观是一种天命观或天下观。这种天命观其实是一种神命观，因此素有"天行有常，不为尧存，不为桀亡"③的说法。

中国传统的"和合"文化在孕育"人类命运共同体"中也起到了重要作用。"和合文化观"集中反映了古代中华文明思想中对于多

---

① 《礼记·礼运》"大同章"。
② 孙聚友：《儒家大同思想与人类命运共同体建设》，《东岳论坛》2016年第11期。
③ 《荀子·天论》。

元统一、和而不同、协调共生的和谐社会秩序的追求。同时,在传统儒家看来,从最小的共同体家庭到最大的共同体国家,是"家国同构"的,而共同体内"仁者爱人"① 思想,也是处理人与人、人与社会关系的最高标准。

中华民族的先哲们对"天下和合观""和谐"进行了不懈探索与实践,给世人以极大启迪。"兼相爱,交相利"② 的思想,是以互爱互利的原则来处理国际关系以及一切国际事务,以便兴天下之利,除天下之害,实现天下太平与和谐。他们认为,"礼乐""仁义"及"忠恕"之道,用以规范国家行为与其他一切过激行为,使国家间关系以及一切跨国关系做到"近者悦,远者来",③ 实现融洽与和谐;人类应崇"天志",顺"天意",恢复对自然的敬畏,以节用贵俭来恢复人与自然的和谐,应以"厚德载物"的兼容并蓄、宽容大度精神,达到"天人合一"④"民胞物与",⑤ 实现人类与环境的统一与和谐,这是全球社会达到全面和谐所不可或缺的,也是人类为之努力实现的社会目标或至上境界,一种生生不已、无所滞碍、万物并育而不相害的和谐世界。

诚然,中国古代的"天下观"存在时代的局限性。其一,在夏商周到明清时代,"天下为公"的思想里充满"普天之下,莫非王土;率土之滨,莫非王臣"的金字塔不平等思想的糟粕,人类命运共同体思想则吸取了传统文化的正能量文化而剔除其糟粕。

---

① 孟子:《仁者爱人》。
② 《墨子》有《兼爱》三篇,阐述兼爱主张。
③ 孔子:《论语·子路》。
④ "天人合一"概念最早是汉代儒家思想家董仲舒的哲学思想体系,后来由此构建了中华传统文化的主体。
⑤ 出自宋代张载《西铭》,"民吾同胞,物吾与也"。其核心思想是"爱人爱物",对后世影响很大。

其二，先秦时代的国际观或天下观，国家间的战争是同一文明系统社会单元之间的战争，并不是不同文明国家间的战争。在古代文明的水平下，不同文明国家间的战争，根本谈不上追求"天下为公""世界大同"以及"四海之内皆兄弟"，而是你死我活的敌对关系。因为，先秦诸子百家大多有自己的国际政治观，但其视野限定在周天下的范围内，即原来诸国都是西周统一范围内的，并不包括更远的社会。"六合之外，存而不论"，① 就是说"六合之外"的国际社会关系是另外一种景象。此外，华夏民族自古还有一种"非我族类，其心必异"② 的说法。

其三，中国战国时代在一个"礼乐文化"中进行中原逐鹿，目的是为了恢复西周的统一。结果经过长期战争，秦始皇才实现了这一宏伟目标。如果是不同民族文明之间展开战争，到了宋朝，还有岳飞诗词所说的"壮志饥餐胡虏肉，笑谈渴饮匈奴血"，这决不可适用于文明体制内的"天下为公""世界大同"以及"四海之内皆兄弟"。此外，战国时代的战争，有如修昔底德笔下雅典与斯巴达之间的战争，是一种特殊的同一个文明体制内的"国家间"战争，这种战争的性质与不同文明之间的战争并不能同日而语。

其四，谭嗣同批判了中国古代"天下观"的弊端在于"家国一体""家国同构"的政治伦理，他提出，"无所谓国，若一国；无所谓家，若一家；无所谓身，若一身"。③

---

① 出自《庄子·齐物论》，"六合"指上下和东西南北，泛指天下；"存"保留；"论"讨论。指把视阈之外的世界保留下来，暂不讨论。

② 出自《左传·成公四年》："史佚之《志》有之，曰：'非我族类，其心必异。'楚虽大，非吾族也，其肯字我乎？"

③ 魏义霞：《大同之梦：康有为与谭嗣同的社会构想及其局限》，《江西社会科学》2016年第9期。

第九章 中国法治新时代

由于中国古代"天下观"的时代局限,近现代的思想家把古代水平的"天下主义"发展为"新天下主义"。

近代以来,以康有为为代表的思想家在继承儒家大同理想的基础上,吸收西方的先进思想,其基本逻辑是破除国界,建立一个世界共同体。这种"大同"就是一个在民主政府领导下的世界国,一个没有亲属、没有民族或阶级分别的社会,一个没有资本主义弊病而经济高度发达的社会。康有为曾借孔子之名撰写了《大同书》。梁启超致力于建立一种"世界国家",一种具有"天下"与"国家"相融合的世界化的国家,是一种"新天下主义",将中国历史概括为上古代的"中国之中国"、中世史的"亚洲之中国"和近世史的"世界之中国"。[①]

胡适在反思民族主义基础上提出世界大同主义。胡适表示,他所说的世界大同主义实际上是一种"世界的国家主义",他将中国的"道高于国"的传统观念与现代自由主义的准则结合起来,构成了以"世界的国家主义"为核心的大同学说。[②]

孙中山关于大同社会的论述有两种诠释:一是"天下大同",即国家消亡,各族人民都在世界大家庭内融合共存;二是"社会大同",即在一国之内,实行"民有""民享""民治"。要实现世界大同,须具备真正的民主。换句话说,所谓世界大同的进程,就是民主的进程,这几乎成为辛亥革命与新文化运动时期世界主义者的共识。孙中山先生把此作为其政治理念,提出,"三民主义,吾党所宗,以建民国,以进大同"。

[①] 高力克:《世界国家与普世文明》,《天津社会科学》2015 年第 6 期。
[②] 罗志田:《胡适世界主义思想中的民族主义关怀》,《近代史研究》1996 年第 1 期。

当代学者对"天下主义"也进行了广泛探讨。赵汀阳主张从天下去理解世界,以"世界"作为思考单位去分析问题,超越西方的民族国家的思维方式,即以世界责任为己任,创造世界新理念和世界制度。他提出,"天下之理,身在其中,心所能及,行之可成,故曰天下之理,万事之本"。① 印度学者桑迪普·瓦斯莱克认为,赵汀阳倾向于建立某种形式的世界政府,需要从民族国家转向全球共同体。蔡拓从全球学和全球治理视角提出,"全球主义是一种区别于国家主义的世界整体论和人类中心论的文化意识、社会主张、行为规范",认为应该以人类整体的视角处理国际关系,关切人类整体利益,规范国家行为等。② 曲星认为,人类实际上已经处在一个命运共同体中,可从共同利益观、可持续发展观和全球治理观等方面理解人类命运共同体的价值。③ 饶世权和林伯海认为人类命运共同体是共享尊严、共享发展成果、共享安全保障、共掌世界命运的共同体;打造人类命运共同体的现实路径是合作共赢。④

三、"一带一路"与亚投行对人类命运共同体的实践

"构建人类命运共同体"一旦形成体系性思想,就会呼唤出一种新型外交政策和国际关系理念,从而开创一个新的时代。不难发现,人类命运共同体不单纯是一种思想体系,重要的是已经落实到"一带一路"倡议和"亚投行"创建中,即通过在基础设施及其他生产

---

① 赵汀阳:《天下体系》,中国人民大学出版社2011年版,"前言"。
② 蔡拓:《全球主义与国家主义》,《中国社会科学》2000年第3期。
③ 曲星:《人类命运共同体的价值观基础》,《求是》2013年第2期。
④ 饶世权、林伯海:《习近平的人类命运共同体思想及其时代价值》,《学校党建与思想教育》2016年第4期。

性领域的投资，促进世界经济可持续发展，创造财富并改善基础设施互联互通；与其他多边和双边开发机构紧密合作，推进区域合作和伙伴关系，应对发展挑战；高举和平发展旗帜，积极发展与各国的经济合作伙伴关系，共同打造政治互信、经济融合、文化包容的利益共同体、命运共同体和责任共同体；它是以解决公共基本设施为起点和路径，以全球法治、全球伦理为两翼的全球治理体系；以全球正义为文明中枢，以互利共赢、合作开发等非零和伦理规范为手段，以实现世界和平与共同发展、富强为国际关系准则等思想理论体系的总和。

新时代构建人类命运共同体的思想不仅是新时代中国外交的政策基础，而且是中国未来引领全球化发展过程的政策基础。新时代构建人类命运共同体的国际政策，不仅终结了西方"霍布斯文化"的敌对关系、零和博弈的国际战略格局的旧时代，开辟了中国式合作共赢的友谊合作的新时代；而且开启了善意竞争关系的"洛克文化"与友谊合作的"康德文化"并行发展的新时代。新时代的国际政策追求的是国际关系在政治、经济、文化三个方面的"共商"与"共建"，"中国秉持共商共建共享的全球治理观，倡导国际关系民主化"，[①] 构建全球性"共享"的世界新秩序。

我国学者对人类命运共同体与亚投行、"一带一路"的关系进行了广泛研究。有的学者认为，人类命运共同体具有鲜明的当代实践价值。在全球化背景下，我国将"人类命运共同体"作为中国外交新理念加以推广，从"一带一路"所包含的理念和倡议路径出发，

[①] 出自中国共产党《十九大报告》"十二、坚持和平发展道路，推动构建人类命运共同体"。

以实现人类整体利益观关照下的全球社会。筹建亚投行有着深刻的国际背景。亚投行是落实"一带一路"倡议的支点，不仅有利于完善现行国际融资体系和促进亚洲经济融合与一体化发展，还有利于推动全球经济的再平衡和国际金融秩序改革。① 也有学者提出，设立亚投行打破了世界银行统治世界70年的世界格局，也打破了亚洲开发银行影响亚洲长达50年的传统格局。亚投行、"一带一路"等倡议，得到全世界的关注，是中国开始撼动世界现有地缘政治经济的里程碑。② 有学者认为，亚投行是"一带一路"倡议实施的重要金融支撑，探讨了亚投行建立及运营过程中将会面临的诸多挑战，并提出应对挑战的相应对策建议。③ 有的学者提出，亚投行和"一带一路"是中国在21世纪国际秩序观之体现。

总之，人类命运共同体的构建具有双重社会价值，不仅有利于中国外交战略发展的需要，更有利于世界各国走出现代性困境、化解全球性共同危机。人类命运共同体是以全球问题为现实前提和理论逻辑起点，以加强全球治理、全球法治为使命和以提高全球公民素质、建设全球伦理、履行全球责任的思想体系；是以实现世界和平、消弭各种战争为己任的社会运动；是以合作共赢的互惠行动、繁荣经济市场和文化市场、净化政治氛围和反对政治贪污及主张公正廉洁、实现人民福祉和世界大同为终极目标。

---

① 王达：《亚投行的中国考量与世界意义》，《东北亚论坛》2015年第4期。
② 姚树洁：《亚投行：中国撼动世界地缘政治的里程碑》，《人民论坛》2015年第4期。
③ 李佳卉：《"一带一路"战略视角下的亚投行分析》，《辽宁大学》2016年第5期。

第三节 从天下主义、世界主义走向人类命运共同体

似乎，天下主义就是世界主义，人类命运共同体也是世界主义。然而，天下主义绝不是世界主义。因为世界主义是天上主义与天下主义的统一，缺少天上主义的天下主义不足以为世界主义。西方文化是从世界主义走向全球主义的文化形态，中国传统文化则是在缺乏天上主义背景下发展的天下主义文化形态。

许多中国学者认为，中国的天下主义就是世界主义的中国表达方式，或者说天下主义是中国版的世界主义。[①] 这种观点似乎是正确的，但深入研究，可以确定这是一种非常错误的看法，只有深入研究，才会发现两者之间的巨大差异。其实，天下主义是中国古典文化的终极关怀，而世界主义是西方古典文化的终极关怀。识别天下主义与世界主义具有重大的理论价值，在于中西方终极关怀的侧重点、文化表达式的不同之奥秘。

一、中国古典天下主义的正价值

中国古典"天下主义"思想主要可以追溯到儒家的"大同社会"或"天下大同"理念。"天下大同"在《礼记》中表述得淋漓尽致："大道之行也，天下为公，选贤与能，讲信修睦，故人不独亲其亲，不独子其子，使老有所终，壮有所用，幼有所长，矜、寡、

[①] 赵汀阳是现代中国天下主义研究的代表人物。

孤、独、废疾者，皆有所养。男有分，女有归。货，恶其弃于地也，不必藏于己；力，恶其不出于身也，不必为己。是故，谋闭而不兴，盗窃乱贼而不作，故外户而不闭，是谓大同。"① 可以说，儒家大同思想蕴涵着"和而不同"，求同存异的文化理念，② 其国际关系内涵包括"礼之用，和为贵""天下为公""世界大同""四海之内，皆兄弟也"等理念，与现时代的"全球化""地球村"或全球公民的观念与认同在本质上是相通的。

"天下主义"思想的核心是"和合文化观"，它集中反映了中华古典思想对多元统一、和而不同、协调共生的和谐社会秩序的追求。在儒家看来，从最小的共同体家庭到大的共同体国家，必须是"家国一体""家国同构"的，而共同体内"仁者爱人"思想，也是处理人与人、人与社会关系的最高标准。③ 荀子的"礼法相连""礼法并举"④ 思想则反映了维系和谐共同体秩序的组织纽带。"兼相爱，交相利"⑤ 的思想，是以互爱互利的原则来处理国际关系以及一切国际事务，以便兴天下之利，除天下之害，实现天下太平与和谐。他们认为，"礼乐""仁义"及"忠恕"之道，用以规范国家行为与其他一切过激行为，使国家间关系以及一切跨国关系做到"近者悦，远者来"，⑥ 实现融洽与和谐；人类应崇"天志"，顺"天意"，恢复对自然的敬畏，以节用贵俭来恢复人与自然的和谐，应以"厚德载

---

① 《礼记·礼运》"大同章"。
② 孙聚友：《儒家大同思想与人类命运共同体建设》，《东岳论坛》2016 年第 11 期。
③ 孟子：《仁者爱人》。
④ 出自《荀子·礼记》。荀子的思想与孔、孟相比，具有更多的现实主义倾向。他在重视礼义道德教育的同时，也强调了政法制度的惩罚作用。
⑤ 《墨子》有《兼爱》三篇，阐述兼爱主张。
⑥ 孔子：《论语·子路》。

物"的兼容并蓄、宽容大度精神，达到"天人合一"① "民胞物与"，② 实现人类与环境的统一与和谐。

二、古典天下主义之优劣

世界上约有两、三千个民族，③ 唯有汉族的宗教信仰最为多元善变，甚至充满无神论的元素。少数民族则不同。汉族信仰特点根植于汉族天下主义创世说文化的真空，即上古时代创世说的空白，导致天上主义神学之匮乏，由此对中华文明的发展产生深远影响，展示出诸多亮点和缺陷。

古典天下主义的最大缺陷就是天上主义的匮乏，而天上主义的匮乏根源于创世说的空白或真空。民族早期文明创世说的沉浮是不同文明的文化之根，决定了不同民族文明的发展方向和路径。中华文明早期创世说的空白，决定其偏重发展天下主义而忽视天上主义或根本不可能发展天上主义。中国传统文化的终极关怀是天下主义，但天下主义不是世界主义，因为二者有本质区别。从文化源头上看，世界主义不是中国的而是西方的，因为早期世界主义充满了天上主义情怀。西方的天上主义文化很发达，古希腊哲学世界主义充分包容了古希腊神话中的天上主义元素。没有天上主义，就没有世界主义。西方的世界主义是天上主义与天下主义的统一。相反，中国奠基性时代是夏商周三代，那时中国虽然有上天、天上的观念，但还

---

① "天人合一"概念最早是汉代儒家思想家董仲舒的哲学思想体系，后来由此构建了中华传统文化的主体。

② 出自宋代张载《西铭》，"民吾同胞，物吾与也"。其核心思想是"爱人爱物"，对后世影响很大。

③ 网上查询是世界有2000个民族，但有的学者提出"世界上有3000个民族"，参见周平：《民族政治学导论》，中国社会科学出版社2001年版，第4页。

没有产生天上主义思想。究其深层的历史原因在于，颛顼"绝地天通"的文化改革决定了上古时代创世说的空白，从此定下只许"帝王祭天""百姓只能祭祖"的宗教传统，导致一直到夏商周三代，在创世说方面都是一片空白。① 虽然汉族文化中素有"女娲补天""女娲造人"和"盘古开天地"的神话，但经考证，它们不是上古时代的作品，而是后来的作品。最有力的证据就是，屈原提出的"女娲有体，孰制匠之？"②"女娲补天"的神话故事是西汉年间《淮南子》③的作品。"盘古开天地"的神话故事，则是约公元3世纪三国年代淮南子的杰作。④ 到了中华民国年间才推出中国完整的创世神话，1936年才出版了钟毓龙汇编、联想而成的《上古神话演义》。⑤ 上述创世说的特点成为中华文明发展的文化元点，对后世中国文化产生深远影响，闪耀出诸多优越的文化特质。

首先，最大的积极影响是造就了汉族宗教信仰宽容、多元、最少排他性的特点。"汉族宗教信仰虽然暴露出原始神话时代创世说的空白等多种缺陷，但也恰恰因此把汉族宗教发展为别具特色的信仰，具有极大的多元性、宽容性、包容性，对排他性宗教拥有最大的化解能力，还有最易破除迷信等优点，因此汉族与他族之间未曾产生

---

① 曹兴：《汉族宗教发生学研究：颛顼改革与上古创世说空白的因果联系》，《世界宗教文化》2013年第5期；《颛顼改革与汉族创世说空白对后世的影响》，《世界宗教文化》2014年第5期。

② 屈原：《问天》。

③ 首次把救世之功归于女娲："往古之时，四极废，五州裂，天不兼覆，地不周载，火焰炎而不灭，水浩泽而不息，猛兽食颛民，鸷鸟攫老弱。于是女娲炼五色石以补苍天，断鳌足以立四极，杀黑龙以济冀州，积芦灰以止淫水，苍天补，四极正，淫水涸，冀州平，狡虫死，颛民生"。参见《淮南子》，又名《淮南鸿烈》《刘安子》，是西汉皇族淮南王刘安及其门客集体编写的一部汉族哲学著作，道家作品。

④ 《艺文类聚》卷一，引徐整《三王历记》。

⑤ 这是后人对上古神话的再想象，不是上古时代人所创造出来的神话体系。

宗教战争。"① 这在世界民族文化之林是绝无仅有的。

其次，汉族的无神论之风自古以来就很强劲。在古代历史背景下就能达到无神论，是对拜神愚昧之风的最大挑战，简直是一种罕见的历史进步。上古时代创世说的空白为后来无神论的发展腾出巨大空间，给汉族破除迷信、走出愚昧带来巨大启迪作用，为后来国人接受马克思主义的无神论铺平了道路。鲜为人知的是，据专家考证，"中国的无神论思潮在西周末年便产生了，其中著名的例子是'伯阳甫论地震'"。② 春秋战国时期，法家多是无神论，成为诸国担任宰相最多的文化智者群，最早摆脱有神论之愚昧。众所周知，东汉时期思想家王充所著《论衡》在中国思想发展史上具有划时代的意义，因为它是中国历史上无神论的檄文，又是一部古代唯物主义的哲学文献。这种奇观，在世界民族史上都是绝无仅有的。

再次，为佛教、基督教等外来宗教的进入腾出巨大空间。"由于颛顼改革导致汉族原始神话创世说的空白，既没有解决世界本原问题，又没有解决生命本原和生死问题，因此不能满足汉族的这种终极关怀的需要。正是汉族原始宗教的空白和颛顼改革奠定了帝王祭天的规范，人民基于对世界本原和生死问题的关注，因此为外来宗教进入中国社会（包括汉族社会）提供了广阔的发展空间。"③ 佛教并非产自中国，却在中国得到长足发展，前提是佛教必须中国化，否则会水土不服，终将失去信众根基。佛教汉地化，或者佛教入住

---

① 曹兴：《颛顼改革与汉族创世说空白对后世的影响》，《世界宗教文化》2014年第5期。
② 牟钟鉴、张践著：《中国宗教通史》上卷，中国社会科学出版社2007年版，第124页。
③ 曹兴：《颛顼改革与汉族创世说空白对后世的影响》，《世界宗教文化》2014年第5期。

汉族地区，花了近800年的时间才取得成功。①

此外，早期创世说的空白促成了后来汉地文化发展的一条不可更改的规律，即汉族社会的政教关系自古就与西方社会不同，不是从政教合一走向政教分离，而是从政教合一走向政主教从。②

诚然，创世说的空白也给中国人带来很多消极因素。

第一，先秦时代天下主义的局限性在于其眼界的狭隘性，代表性的思想表述是"六合之外，存而不论"，③彰显出"井底之蛙坐井观天"的历史局限性。先秦诸子百家的国际视野都是限定在周天下的范围内，即原来诸国都是西周统一范围，并不包括更远的社会。

第二，华夏民族自古就有自我中心主义的狭隘思想，误以为"我族"就是天下文明的中心，故为"中国"。华夏人素有"非我族类，其心必异"④的心态，这无疑是一种极不文明甚至是野蛮的元素。当然，西方社会、阿拉伯社会中的早期民族都含有这种野蛮因素，这是各族早期文明发展共通的文化现象。其实，这就是说"六合之外"的国际社会关系是另外一种景象。"六合之内"的景象则是，西周时代，周王把周边领土分封给诸侯王，形成中央周王与周边诸侯的"兄弟关系"。⑤东周时代，诸侯强大，中央集权为大的周王朝不复存在，结果是"礼崩乐坏"。因此，战国时代诸国之间的战

---

① 佛教从公元1世纪汉代传入中国到魏晋南北朝，沿着丝绸之路，佛教率先发迹于西北少数民族，后来才不断深入到中原地带，佛教的中国化才会取得成功。

② 曹兴：《颛顼改革与汉族创世说空白对后世的影响》，《世界宗教文化》2014年第5期。

③ 出自《庄子·齐物论》，"六合"指上下和东西南北，泛指天下；"存"保留；"论"讨论。指把视阈之外的世界保留下来，暂不讨论。

④ 出自《左传·成公四年》："史佚之《志》有之，曰：'非我族类，其心必异。'楚虽大，非吾族也，其肯字我乎？"

⑤ 周代诸侯与中央之间的关系不是联邦，也不是邦联；而是比邦联更高，还达不到联邦的国家形式。

争，看似是不同国家之间的战争，其实是一个西周文明系统内部的战争或内乱。"礼乐文化"只适用于周文明内部。从历史的眼光看，"礼乐""仁义""忠恕"，以及崇"天志""礼之用，和为贵""四海之内，皆兄弟也"这些文明内涵仅仅适用于"周礼"体制内的社会，并不适用于体制外的社会。

第三，从夏商周到明清时代，"天下为公"里充满了"溥天之下，莫非王土；率土之滨，莫非王臣"①的君主专制的社会思想，充满了不平等思想的糟粕。

此外，谭嗣同批判了中国古代"天下观"的弊端在于"家国一体""家国同构"的政治伦理，他提出，"无所谓国，若一国；无所谓家，若一家；无所谓身，若一身"。②"家国一体""家国同构"根源于中国传统宗法制政治文化，或者说，宗法制流溢出来的"家国一体"、"家国同构"，说明它是中国传统文化之根本。因之，宗法制传统使得汉族社会最注重的是人脉、人情，而不是平等规则和正义精神。

第四节　全球法治何以成为可能

全球法治何以成为可能的问题，投射的是一个全球社会的法律窘境。一方面，全球问题的泛滥越来越威胁到人类生存与发展，已经临近人类生死存亡的边缘，迫切需要产生一种全球法治来严惩全

---

① 《诗经·小雅·谷风之什·北山》。
② 魏义霞：《大同之梦：康有为与谭嗣同的社会构想及其局限》，《江西社会科学》2016年第9期。

球问题的制造者或责任人。可以说,人类要想脱离生死存亡的困境,"全球法治"势在必行。另一方面,为迄今为止,法律的有效执行都是依靠国家的力量来进行的。无国家,法律就不能生效。即便是国际法的适用,也必须依靠国家的力量来实现。因此,脱离国家的力量来谈全球性法治,无异于一种美好的乌托邦幻想。如何走出这种困境,有必要反思法学、政治学在全球法治、全球法、法律全球化等根本范畴上的争论、质疑、探讨。笔者认为,走出理论上的困境,需要认识到全球法治的层次性。全球化时代的国际法问题是个非常复杂的问题。无论是人类意志,还是法律,都是分层次的,至少有双边及周边、区域性、全球性三个层次的问题。

全球法治是全球治理的主要方式和重要手段。① 全球法治、全球法、法律全球化是相互关联且含义大致相同的概念,它们所指向的对象或社会现象是非常复杂的,都是以若隐若现的表现形态显示给人们的。它们在不同学科中开发出来,因此散发出不同学科的立场。法学是比较古老的学科,在古代就已经很发达。全球学则是一个极其年轻的学科,是一个萌芽或者说刚产生的学科。法律全球化是法学界的一个概念,是先于国际关系学、全球学的概念。全球法治是一个国际关系学、全球学的概念。国际关系学、政治学的全球法治与法学界的法律全球化这两个概念的内涵是基本一致的。学界对这方面的研究尚处于初步探索中。

一、法学界有关"法律全球化"争论反思

法律全球化是法学界的专有范畴,并逐渐向政治学、社会学等

---

① 全球治理远主要是全球法治和全球伦理两种手段,还包括国家治理、非政府组织等全球性手段。

领域扩展。法学界对法律全球化问题提出种种争论问题,彰显了各派观点的合理性,同时也暴露了各自的不足。关于法律全球化的范畴的初步探讨,激发出极大的争论热情,爆发出一系列焦点问题。

学界对"法律全球化"的看法不一,见仁见智,争论激烈,主要有三派,即激进主义的肯定派观点、怀疑主义的否定派观点和折中主义观点三种。[1] 这三派观点主要有以下两个焦点:

第一个焦点问题是"法律全球化"与"法治全球化"的关联性问题。"第一种观点认为'法律全球化'就是指'法治全球化',即世界各国纷纷以法律手段作为行为结构、关系网络的替代来调整社会关系,推行法治,使得法律乃至律师、法官及诉讼等活动在社会生活中的地位和作用越来越突出。持这种观点的学者认为,这种全球性的法律来自'不受任何国家控制的经济或政治势力',这样一种'私自创法'制度,即使在没有超国家的法院或超主权来解决当事人之间争端时,也可超国家的存在。它是'独立于国家之外的立法过程',是由'私政府'制定的。持这种观点的学者旨在强调法律的平等性是不因国家和社会制度的不同而有所偏差的,但在理论界赞成这种观点的学者较少,反对者较多。"[2] 第二种观点不赞同并否定"法律全球化"等同于"法治全球化"的观点。因为"将'法律全球化'简单地等同于'法治全球化'……是太过于'牵强'的,它脱离了法治的原本涵义。持这种观点的学者认为'法律全球化'只是人们在受到'全球化'舆论'惯性'的冲击下产生的一种'缺乏冷静考虑'的'新鲜词语',最多不过是第二次世界大战后出现的

---

[1] 参见关今华、陈诚:《法律全球化与世界人权保护》,《东南学术》2004年增刊(S1)。

[2] 宋歌:《当前国内关于"法律全球化"问题研究述评》,《社会科学》2004年第3期,第69—72页。

'世界法'(World Law)'超国法'(Supranational Law)'跨国法'(Transnational Law)的翻版。有学者将'所谓的法律全球化解释为国际法效力的增强和国际法调整范围的扩大',并指出,根本没有必要提出用'非国家化'的'法律全球化'理论来解释经济全球化给法律带来的影响"。①

第二个焦点是能否把法律全球化内涵归结为超越国家、全球适用的共同法。肯定派认为:"'法律全球化'认为法律应当超越国家的限制,在全球范围内形成共同法。……'法律全球化'强调国内法律的趋同,即各国国内法在原则、制度等方面的一致,而法律全球化的进程必然给特定国家相对稳定的法律体系带来松动甚至混乱。"② 反对派提出,这种看法有其合理方面,也有过于理想化、过于抽象的方面。一方面,很难形成"在全球范围内形成共同法",迄今为止,国家是法律适用的重要主体,国际法的适用必须得到国家的认可后方可有效。另一方面,不能否认,"各国国内法在原则、制度等方面的一致"。但这只是各国法律的共性,绝不是法律全球化。各国法律共性和法律全球化是两个完全不同的范畴。各国法律共性指的是法律的相通性,解决的问题是国内问题,不是全球问题;法律全球化解决的问题是全球问题,不是国内问题。

第三个争论的焦点问题是法律全球化是个空洞的学术概念,还是一种真实的存在?研究法学的人士对"法律全球化"概念的真实性或存在性提出种种思考甚至是质疑。首先,有的学者发现法律全球化的复杂性和混乱性,提出"对于法律全球化,目前我国的学者

---

① 宋歌:《当前国内关于"法律全球化"问题研究述评》,《社会科学》2004 年第 3 期,第 69—72 页。
② 吴汶燕:《全球法律》,蔡拓等著:《全球学导论》,北京大学出版社 2015 年版,第 212 页。

很难说有一个准确而又公认的定义。因此，对于法律全球化这一术语的用法比较混乱，学者们在谈及法律全球化问题的时候，往往是在不同的意义上使用，导致无法展开真正意义上的学术对话。"① 其次，有的学者进一步提出"法律全球化"是个模糊性或隐藏性的概念，甚至是"一种不可能实现的幻想"；"'法律全球化'理论的提出具有模糊性或隐藏性，是一种不可能实现的幻想"。② 这就从根本上否定了"法律全球化"存在的真实性。再次，有的学者干脆认为它是一个经不起法学原理推敲的概念，是以往"世界法"的复制："法律全球化的提法使人模糊了'法律'的概念，混淆了传统的法的分科，是一个经不起法学原理推敲的提法，是先前'世界法'的翻版。"③

笔者对上述三个焦点问题，提出如下几点反思：

首先，第一个焦点问题是对法律全球化的复杂性和学术研究的困难性进行一种事实层次的概括和陈述。凡是不能透过表面看本质的，就不会看到"法律全球化"与"法治全球化"的关联性。虽然不能简单地把"法律全球化"等同于"法治全球化"，但是诸如联合国等全球性法律文件在全球范围内的适用是不能否定的。

其次，因为"法律全球化"理论的"模糊性或隐藏性"，就推理认为它是一种"不可能实现的幻想"，这种推理是荒谬的，结论是错误的。因为世界上一切深层的本质都是隐藏在现象背后，具有不

---

① 李连华、颜吾佴：《浅论法律全球化》，《理论月刊》2003年第12期，第105—106页。
② 姚天冲、毛牧然：《"法律全球化"理论刍议》，《东北大学学报》2001年第1期，第45—47页。
③ 慕亚平：《对"法律全球化"的理论剖析》，《广东大学学报》2002年第3期，第97—103页。

同程度上的模糊性。法律全球化的模糊性、隐含性，说明法律的全球化隐藏在全球化的深度发展进程中，不是能够轻易看得见的，具有巨大的宏观整体性，是需要有大思维才能把握的对象。

在此，笔者认为，法律全球化的提法使人模糊了"法律"的概念，混淆了传统的法的分科。这是一件大好事，正说明法学处于发展之中，根本不能证明法律全球化"是一个经不起法学原理推敲的提法"。认定法律全球化是先前"世界法"的翻版，这说明从以往的"世界法"理念发展到现代社会的"法律全球化"理念的必然联系，同样见证了法学的健康发展。以往法理学的发展水平不能理解全球化、法律全球化的范畴，说明法理学需要提高自己的学科容量和逻辑能力。更重要的是，从客观存在的角度看，"世界法"在古代和近代是无法实现的理想，在全球化时代则在一定程度上具备了实现的条件。

其实，"法律全球化"是不是"法治全球化""全球法治"的问题，这不是一个概念游戏的问题，而是一个能否承认"法治全球化"真实存在的问题。诚然，在古代根本不存在"世界法"的客观真实性，只存在一些思想家对世界法的思考、向往和追求，如古代中国思想家的"天下主义"，[①] 古希腊思想家的自然法思想、斯多葛学派的世界主义。[②] 人类社会发展到现代，随着全球化的深度发展，人类真正整合为一个"一荣俱荣一损俱损"的"地球村"，"法治全球

---

① 中国的天下主义思想自古就很发达。"天下主义"是中华民族的政治理想，是中国人对人类普世价值的一种伟大贡献。赵汀阳对中国的天下主义体系进行了深入研究，发表了一系列文章，并出版了一部题为《天下体系》的专著（中国人民大学出版社2011年版）。

② 自然法是古希腊绝大多数思想家的共同追求，从第一个哲学家泰勒斯一直到亚里士多德，自然法思想成为古希腊思想发展史的主线。古希腊晚期，斯多葛学派把自然法提升为世界主义。足见，世界主义是自然法思想发展的必然。

化"从思想上的构思到实际上的构建，成为人类发展的客观需要，因而也成为从古代"世界法"的理念演变为"全球法"或"法律全球化"的现实追求，具有很大的合理性。当然，人类现在还不能完全做到全球法治，全球法治也尚处在萌芽状态，只在很有限的范围内发挥作用，因此在很多场合，全球法治还不是一种"实有""实然"状态，而是以一种"应有""应然"状态存在着。但是，全球法治是一种新生事物。因解决全球问题的客观需要，必将以一种锐不可当的态势向前挺进。

二、法律全球化范畴的深入

用历史唯物辩证法分析，法律全球化是对以往国际法发展的必然。首先，不同学科对"法律全球化"进行了不同视角的分析。

法学史学界对"法律全球化"在理论上已经进行了高度提炼。法史学家从法律发展史的视角验证了法律全球化的真实存在——法律从国际化到全球化的一种发展趋势。吴汶燕高度概括了法史学对法律全球化的发展历程，是从古希腊古罗马时代的世界主义、自然法时代发展到法国和德国的两个"民法典"时代，现代人类社会从美国引领法律全球化的时代发展到联合国介入的时代。[①] 18世纪下半叶至19世纪初，法德两国在全面吸收罗马法原则和精神的基础上，于1804年和1900年先后制定和颁布了《法国民法典》和《德国民法典》，并将其扩展为世界范围的法典编纂运动，从而形成了以法德两国法典为主干遍及世界的民法法系。这是"法律全球化"的第一个阶段。"法律全球化"的第二个阶段，源自美国1787年宪法创立

[①] 吴汶燕：《全球法律》，蔡拓等著：《全球学导论》，北京大学出版社2015年版，第211—212页。

的分权政府体制以及其后美国联邦最高法院创立的违宪审查制度等，成为美洲、欧洲主要资本主义国家及亚洲的日本、韩国等国家的制宪蓝本。二战后，1945年10月生效的《联合国宪章》成为一部世界公认的世界性法律，掀起了"法律全球化"的第三次浪潮。此后，联合国先后颁布了《世界人权宣言》《公民权利和政治权利国际公约》《经济、社会、文化权利国际公约》等，建立起人权保障的国际法体系。1947年通过的《关贸总协定》和1995年建立的世界贸易组织，被认为是"法律全球化"过程中影响范围最广的国际法律框架和体制。

国际关系学者从国际关系发展史反思了"全球法"的发展趋势，"'跨国法'不断反作用于国际政治与国际关系，使后者在义务性、精确性与授权性三个维度，体现出不断法律化的特征与趋势。……国际关系的法律化并非是书斋中学者对世界和平的天真而不切实际的幻想，而是正在发生的现实趋势。对整个西方现代国际法体系的简要回顾，可以帮助我们更加清晰地看到此种发展趋势。现代国际法体系起源于17世纪上半叶三十年战争结束时缔结的《威斯特伐利亚和约》，作为欧洲大陆新兴民族国家之间的战争与和平法。"[①] 有的学者发现，调整国际关系是经济、法律和伦理等社会规范共同来完成的使命，"对于国际关系的理解通常要从贸易活动及其结构的政治、法律、伦理蕴含这种层面来展开，这种知识应当是理解国际问题的基础知识。其中，贸易与秩序的关系是最重要的内容"[②]。

---

① 泮伟江：《法律全球化的政治效应：国际关系的法律化》，《求是学刊》2014年第3期，第94—101页。

② 于向东、施展：《全球贸易双循环结构与世界秩序》，《文化纵横》2013年第5期，第46—55页。

此外，有的法学学者从"国际法的国内化"和"国内法的国际化"的互动上为"法律全球化"的产生和发展提出合理的根据，"法律全球化是近年来法律领域内的一种明显的客观发展趋势，……这种趋势在运动形式上表现为'国际法的国内化'和'国内法的国际化'，我国要以入世为契机，通过修订国内法律法规活动经历法律全球化过程"。[1] 有的学者认为，"法律全球化"是国内法律的趋同，[2] 有的认为还包括国际法，是指"'法律全球化'是法律的非国家化进程，服务于建构无国界的全球统一大市场的需要。'非国家化'意味着国家主权在该领域不断削弱"。[3]

"法律全球化"理论主要源于美国麦迪逊大学的以特鲁伯克等四位学者联合撰写的研究报告。特鲁伯克等四位学者认为，"法律全球化"理论是随着经济全球化趋势而出现的。[4] 据沈宗灵概括，"'法律全球化'主要表现在八个方面。（1）变化中的生产方式：新的专业化分工的形成和'全球工厂'的出现，使生产和其他经济活动可能并易于分散于世界各地，从而有助于新的国际分工的出现。（2）金融市场的链接：链接全球的资本市场促进了跨越国境的资金（投资）的自由流动。（3）跨国公司地位的日益提高：大型跨国公司现已在全世界范围内开展其生产、经营和其他活动，从而加强了它们的交易权力，提高了它们在世界经济中的重要地位。（4）国际贸易重要性的日益提高和地区贸易集团的增加，使自由贸易的国际规则

---

[1] 邹健、胡丽君：《法律全球化与入世变法》，《社会学家》2003年第11期，第70—73页。

[2] 蔡拓等著：《全球学导论》，北京大学出版社2015年版，第212页。

[3] 姚天冲、毛牧然：《"法律全球化"理论刍议》，《东北大学学报》2001年第1期，第45—47页。

[4] 转引自姚天冲、毛牧然：《"法律全球化"理论刍议》，《东北大学学报》2001年第1期，第45—47页。

对国内法的许多方面产生了很大影响。(5) 经济结构改革和私有化：苏联和大部分发展中国家都在减少国家在其经济中的直接参与作用，强调发展市场经济，包括调整法律结构。(6) 经济关系中新自由主义概念的主导地位。(7) 民主化、人权保护以及'法治'的复兴：国际上更加关注政治自由、控制专横政府、维护个人权利以及加强司法。(8) 推动人权和民主的超国家、泛国家人物的出现"。①

由于西方发达国家对全球化包括法律全球化的影响，尤其是美国将自己的政治法律制度强行推行到全世界范围，强迫发展中国家，特别是弱小国家接受自己的标准，因此中国有的学者认为，法律全球化成为全球市场经济前提下法律规则的趋同性；法律全球化只是西方学者鼓吹的一种"超国家"的全世界性质的私法，即"没有国家的世界法"。②

西方人推行西方法律全球化理念的原因是西方资本主义殖民扩张的必然，在这个过程中，充满了血腥与杀戮、征服与压迫。有的学者注意到，"资本主义发达国家把自己的价值观、文化意识、制度伴随着商品的输出疯狂涌入欠发达的国家和地区，对当地的社会政治文化生态造成巨大的冲击，作为一种强势文化，完全改变了当地社会发展的既有模式。……全球化反映的是当前世界生产力发展的客观状况，作为人类现代社会生产力发展的一个必然阶段，它直接推动了包括国际贸易、跨国投资、国际金融和高新科技的迅猛发展以及人类生产力的显著进步，从一定意义上来说，它造福全人类。

---

① 参见沈宗灵：《评"法律全球化"理论》，《人民日报》1999 年 12 月 16 日。
② 李连华、颜吾佴：《浅论法律全球化》，《理论月刊》2003 年第 12 期，第 105—106 页。

第九章 中国法治新时代

为此,人们生动地把全球化这一进程形容成一把'双刃剑'。"①

深入分析上述研究成果发现,无论是简单肯定派、简单否定派,还是折中主义,都是一种定性分析或者是模糊分析,这种分析是有局限性的。这三种观点,无法回答的根本性问题是,法律全球化是否已经达到很普遍的程度?法律全球化在我们生活的这个时代到底具有多大的普适性?

要回答这类问题,需要引进一种新的研究方法。比定性分析法更高级更先进的是"程度分析法"和"定量分析法"。由于定量分析法需要对各类法律情形进行研究,需要大量的数据分析,这显然是笔者无能为力的,但可以启用程度分析法,对前三种观点进行提升,提出一种新观点,即"分类模型论",意在对法律的国家化、全球化的复杂情形进行分类。如果不分类,必然引起混乱。

实际情况异常复杂,存在不同类型,因此理论分析要跟上客观发展的复杂性。其一,总的来讲,国内法具有特殊性和普遍性两个方面,国内法的普适性或普遍性就是逐级提升为地缘国际化、全球化的层次。国内法的特殊性就是法律的民族国家化。国内法的普适化和特殊化是对立统一的过程。普适化的法律永远不能完全替代特殊化的法律。国内法的普适化和特殊化是一个不断咬合、相互磨合的过程。其二,法律的全球化不是国内法普适化的简单总和,而是一种内在统一的过程;而且越是合理的法律全球化,就越能够最大限度地包容国内法的特殊性。正如黑格尔所说普遍性是不断容纳特殊性的发展过程一样。

我们这个时代,尽管出现了法律全球化的现象,但国家法治依

---

① 李连华、颜吾佴:《浅论法律全球化》,《理论月刊》2003年第12期,第105—106页。

然是我们这个时代的主流。在法律效力方面，法律国家化大于法律全球化。但是，无论是在国内法律领域，还是国际法领域，法律全球化都是一种法律新质或者新生事物。随着全球化的深入发展，法律全球化已成为新时代法律发展的趋向，并具有无可限度的发展前景。

三、全球法及全球法治的提出

与法学界提出"法律全球化"不同的是，社会学界、经济学界、政治学界提出"全球法""全球法治"的概念。

法律全球化与全球法、全球法治是不同学科的称谓。法律全球化是法学界的概念，全球法、全球法治则是社会学、经济学、国际关系学、全球学的概念。

全球法是相对于国家法而言的。传统理论认为，法律是"国家意志""统治阶级意志"的集中表现，是由"国家强制力"决定的。奥地利社会学家埃里希打破了这种国家法的霸权地位，首次用社会生活中普遍存在的超越国家意志的"活法"作为法律灵魂或法律精神。他认为法的本质不在法律，而在于社会秩序本身，法律是社会的内在秩序。他提出，"法发展的重心不在立法，不在法学，也不在司法判决，而在社会本身"。[1]

有的经济学家、政治学家从政治经济现象看到一种看不见但确实客观存在的东西，为此提出"没有国家的全球法"，全球法并非传统意义上的民族国家的法和国际法。"它不是以民族国家为基础，而是超越领土的边境，通过'看不见的团体'，'看不见的市场和分

---

[1] 出自[奥]埃利希：《法律社会学基本原理》，九州出版社2007年版；转引自蔡拓等著：《全球学导论》，北京大学出版社2015年版，第215页。

第九章 中国法治新时代

支'，'看不见的职业组织'，'看不见的社会网络'，建立在行业、团体、部门、职业的基础上。"①

那么，全球法的内涵是什么？这是一个尚未定论的范畴。不过，很多学者已经开始分析全球法的一些特征。有人概括："全球法是当前时代特征最为普适性的概括，全球法是在全球范围内法律规范的互相连接，这是一个过程，一种趋势。……也有人提出，'全球化'就是'去国家化'，那么'全球法'就是对以往几乎全部集中在以国家法律为中心层次的法律理论的颠覆。"②

吴汶燕并不赞同全球法要"去国家化"的观点，认为"这一误解正在不断地被全球化的实践所纠正。特别是在全球化研究的过程中出现了全球治理的概念并日渐丰富和完善，即强调对某一全球问题通过不同层次的共同努力和不同方法所进行的综合治理；强调治理主体的多层次性和治理方法的多样性都是对片面强调去国家化的全球化概念的纠偏和深化"。③

笔者并不完全赞同吴汶燕的上述看法。一方面，国家是全球法治的主要力量，不能在国家之外去实现全球法治。在这种意义上认可吴汶燕看法的合理性，即认为全球法不能完全排除国家的力量，国家是构建全球法的最重要的力量，非政府组织虽然对全球法具有重要贡献，但还不足以成为主要力量，远远不能与国家力量相抗衡。构建全球法的社会力量是多方面的，国家是主力军，非政府组织是有生力量，有远见的政治家、学术家、社会活动家等个人也是不可忽视的重要力量。笔者还赞同吴汶燕反对全球法是在国家之外的

---

① 参见载蔡拓等著：《全球学导论》，北京大学出版社2015年版，第216页。
② 蔡拓等著：《全球学导论》，北京大学出版社2015年版，第216页。
③ 蔡拓等著：《全球学导论》，北京大学出版社2015年版，第217页。

"世外桃源"建立一种"不受任何国家控制"的大一统的法律世界的观点。[①] 另一方面,全球法也要去掉违背全球利益、全球正义的国家化的元素。总之,国家利益和全球利益是一种相互交叉的咬合关系,两者相互交叉咬合一致的部分,国家所完成的正是全球法所要完成的任务。越是好的国家的法律,越是能够更多地实现全球法治的使命,反之则是越是自私的国家,越是违背全球法治的国家。前者的国家类型使得国家利益与全球利益更多地一致起来,后者的国家利益与全球利益更多地是冲突而不是一致的。

这里有个重要的理论问题需要深入思考,即全球法是在国家法律之内,还是在国家法律之外,抑或是在国家法律之上?全球法至上论或全球法高于国家法的理念是否合理?

上述对全球法的看法可以提炼为两个命题。第一个命题就是,全球法是在全球范围内普适的、为了适应全球化深度发展需要的一种发展趋势和过程。笔者认为,这种发展趋势,在20世纪到21世纪的近百年历史中,只是一种萌芽性的存在,即以社会发展趋势而存在的,但尚未占据人类社会发展的主导地位。第二个命题,基于全球化不能完全去国家化,因此全球法也不能"去国家法化",即不能在国家法律之外构建一个与国家法律完全抗衡的法律体系。

诚然,上述两个命题并没有揭示全球法的内涵,充其量只是分析了全球法的外延。如果作为全球法的定义,仅仅把认识的水平停留在这两个外延上还是远远不够的,用逻辑话语说则是"外延不周全"。"外延不周全"恰恰是内涵未能充分揭示的结果。或者说,上述对全球法的认识还不足以成为全球法的内涵概括或提炼,而充其

[①] 蔡拓等著:《全球学导论》,北京大学出版社2015年版,第28页。

量是对全球法特点（外延）的解析。

那么，如何理解全球法治的本质性内涵？笔者认为，只有以全球正义而不是国家正义为法律目标，为解决全球问题而不是国内问题，使用全球治理而不是国内治理，实现全球利益而不单纯是国家利益，全球公民意志的体现而不单纯是国家意志的体现，所创建的法律及其实践，才能称得上是全球法治。不是所有字面上的全球性法律都是全球法或全球法治，很多具有国际效率或效用的法律文件并不是人类整体意志的代表，有很多法律文件是国家意志的集合，而并不代表人类整体的意志。基于上述理解，可以把全球法及全球法治的内涵理解为是展示其适用的范围、解决问题的一种法的体制，最后落实在"法"的行为规范上面。为此，笔者认为，全球法的内涵是在全球范围内、处理全球公共事务的法律行为规范的整合，是全球性法治文明的体现；其法律内在价值追求的是全球利益、全球正义，是全球治理最有效的方式之一。从全球法发展的时间窗口看，全球法是一个从萌芽到强大、从产生到发展壮大、从创建到实施的动态过程，全球法治强调的是全球法的动态过程。一方面包括动态的过程，另一方面还承载了全球事务的不断法律化、法典化的过程，如联合国的政治法律文件、各种各样的国际条约等。全球法是在全球范围内普适的、为了适应全球化深度发展需要的一种发展趋势和过程，尚未发展成为一种充分的存在，更多成分还处于一种萌芽状态存在着。从全球化与国家化的关系视角看，全球法不是国家法的总称，不能"去国家法化"，也不能在国家法律之外构建一个与国家法律完全抗衡的法律体系。

全球法并不等于全球法律。全球法律是全球性法律文件的体系，但国际法迄今为止还没有形成较为成熟的全球法律体系，更多地散落在国际条约、国际惯例之中。因此，笔者赞同"全球法"的理念，但并不认为21世纪"全球法律"已经形成气候。因为，全球法律是法律全球化的成果，而人类发展到21世纪，还没有形成完整的法律体系，尚处在萌芽发展状态。

那么，全球法和全球法治是什么关系？两者是一个概念的两种表达，还是两个概念呢？笔者认为，究其实质而言，全球法和全球法治是同一范畴的两种表述。如果一定要寻找两者的微妙差别，那么全球法是一种静态的表达，类似法学界的"法律全球化"，而全球法治则是一种动态表达。全球法治是一个过程，包括殊途同归的两个方面。一方面，从联合国到各国的法律适用，是一个自上而下的过程；另一方面，是一个自上而下的过程，即从非政府组织对全球法治的贡献。

无论表述为动态中的全球法治，还是静态或成果中的全球法，真正的转折点是以联合国相关法律为标志的。

为了解决上述全球法治的诸多问题，笔者提出全球法治的层次性问题。

四、全球法治的层次性

全球化时代的国际法问题、全球法治问题是个非常复杂的问题。无论是人类意志，还是法律，都是分层次的，至少有双边周边、区域性、全球性三个层次的问题。

首先在这个层次体系中，如果按照空间适用范围的大小排列，范围最小的是双边国际条约、周边国际法问题，其适用范围仅限于双边和周边国际关系，具体体现于国家间的双边和周边协定的国际条约。

双边国际条约只是两个当事国意志的集中表现。实际上是签订条约时两国主权者或统治集团意志的表现，不能简单地视为代表了两国的人民意志。不过，人类文明越是不断进步，双边或周边国际协定、国际条约会越来越符合人民的意志；反之，则越是代表两国的统治集团的官方意志和官方利益。双边和周边国际协定、国际条约，无论代表其统治阶级的国家意志、国家利益，还是更多代表当事国的人民意志，都并等于代表全球意志、全球利益。在一个以国家利益为重心的时代，追求的利益是国家利益，而不是全球利益。相对于地区性、全球性法律，双边和周边的法律的全球法治层次最低，更多考虑的是双边问题和周边问题，而不是全球性问题。不过，全球化发展越是深入，双边和周边国际法治的全球性也就越大。

其次是区域性国际组织的国际法，其适用范围仅限于本区域或地区之内。由于区域性国际组织是按地区组成的国际组织，因此其成员是特定地区内的若干国家。它们在历史、文化、语言等方面往往具有一定的联系，甚至具有共同关心的问题或共同利益。因此，它们在和平解决争端、维持本区域和平与安全、保障共同利益及发展经济文化关系等方面，有进行协调、广泛合作并结成永久组织的需要。在区域组织中，有些是政治性的，有些是专门性的。，但是，一般区域组织从其基本活动来看，不仅具有政治方面的职能，也具有调整和促进本区域内社会、经济和其他有关专业方面的作用。

其实，区域性国际组织并不是联合国的组成部分，而是独立于联合国之外的国际组织，它有独立的国际法律人格，具有独立的组织约章、成员国、组织机构和活动程序，只是在维持和平与安全方面与联合国保持合作。

亚洲、欧洲、美洲、非洲都有区域性国际组织，主要有下述区域性国际组织：

美洲国家组织是"美洲共和国国际联盟"，是现存区域性组织中历史最悠久的组织，它可追溯到19世纪初期的南美独立解放战争时期。1826—1889年间，美洲国家举行过11次国际会议，促使了"美洲共和国国际联盟"的成立。1948年，在波哥大召开的第9届泛美会议上通过了《美洲国家组织宪章》(《波哥大宪章》)，将该组织确定为"美洲国家组织"。其总部设在华盛顿，截至1982年7月，有成员国31个。

西亚北非的国际组织是"阿拉伯国家联盟"。1944年9月，阿拉伯各国外长在亚历山大举行会议，决定成立阿拉伯国家联盟。1945年3月，叙利亚、约旦、伊拉克、沙特阿拉伯、黎巴嫩、埃及、也门等7国代表在开罗举行会议，签订《阿拉伯国家联盟公约》，阿拉伯国家联盟正式成立。截至1983年，有成员国22个。

欧洲的区域性国际组织是欧洲联盟（1993年以前叫欧洲共同体），是欧洲经济、政治共同体。欧盟现有28个成员国（最后加入的国家是克罗地亚，时间是2013年7月1日），正式官方语言有24种，人口约5亿，GDP为16.106万亿美元。欧盟的宗旨是"通过建立无内部边界的空间，加强经济、社会的协调发展和建立最终实行统一货币的经济货币联盟，促进成员国经济和社会的均衡发展"，"通过实行共同外交和安全政策，在国际舞台上弘扬联盟的个性"。

此外，还有"非洲统一组织"、东南亚国家联盟（简称东盟)、上海合作组织（简称上合组织）等。

超国家法律是区域性法律和全球性法律。区域性国际组织主要解决区域性问题，从而颁布相关的区域性法律。全球性法律，包括《关贸总协定》和联合国通过的法律文件，是为了解决全球问题，实现全球利益，具有全球治理性质的法律文件。

全球性的法律多数是联合国相关法律文件，包括《联合国宪章》《世界人权宣言》《公民权利和政治权利国际公约》《经济、社会、文化权利国际公约》以及《关贸总协定》等。这些法律是高于国家间双边、多边的国际条约、协定。因为国家间双边、多边的国际条约、协定只是地区性的国际法，不是全球性的。而联合国制定和颁布的法律文件多数是全球性的法律，既是人类法律文明发展过程中法律成果的一个标志，也是指导人类进行全球治理的法律规定。当然，由于全球问题的治理需要落到实处，联合国最开始制定的相关法律文件只是一种法律意向，很多条款都是一种笼统的、模糊的、抽象的原则，还远远未能落到"法律规范"的实处。所以，与其说他们是一种法律，倒不如说是一种指导性的原则性的行为规范。把以往原则性的全球法律文件落到实处，还有很长的路要走。

参考文献

一、古文类

《楚辞·离骚》。

《道德经》。

《管子·国蓄》。

《管子·牧民·国颂》。

《管子·形势解》。

《国语·楚语下》。

《国语·鲁语》。

《国语·周语》。

《汉书·艺文志》。

《韩非子·五蠹》。

《韩非子·外储说左上》。

《韩非子·六反》。

《淮南子·礼运》。

《淮南子·览冥训》。

《淮南子·时则训》。

《吕氏春秋》。

《礼记·郊特性》。

《礼记·曲礼上》。

《礼记·王制》。

《论语·为政》。

《论语·先进》。

《论语·八佾》。

《伦语·雍也第六》。

《伦语·先进》。

《论语·颜渊》。

《论语·泰伯》。

《论语·子罕》。

《论语·宪问》。

《论语·述而》。

《论语·子路》。

《孟子·滕文公》。

《孟子·尽心上》。

《孟子·梁惠王下》。

《孟子·万章上》。

《孟子译注》。

《孟子·告子上》。

《明史·外国传》。

《墨子·节葬下》。

《七略》。

《三王历记》。

《书·泰誓》。

《尚书·召诰》。

《尚书·蔡仲之命》。

《尚书·蔡仲之命》。

《尚书·西伯戡黎》。

《尚书·尧典》。

《尚书·吕刑》。

《尚书·序》。

《尚书·汤誓》。

《尚书·皋陶谟》。

《商君书·画策》。

《商君书·更法》。

《商君书·去强》。

《申子》。

《史记·五帝本纪》。

《诗经·大雅·文王》。

《诗经·雛》。

《诗经·文王》。

《诗经·召曼》。

《诗经·雨无正》。

《诗经·巷伯》。

《诗经·北山》。

《诗经·商颂·玄鸟》。

《诗经·小雅·雨无正》。

《诗经·小雅·节南山之什》。

《史记·补三皇本纪》。

《史记·秦始皇本纪》。

《太平御览》。

《问天》（屈原）。

《荀子·性恶篇》。

《荀子·天论》。

《易传·序卦》。

《艺又类聚》卷一。

《庄子·杂篇·天子》。

《庄子·天下篇》。

《中庸·尽性章》。

《竹书纪年》。

《左传·成公四年》。

二、著作类

蔡元培：《中国伦理学史》，东方出版社 2012 年版。

陈长文、罗智强：《法律人，你为什么不争气：法律伦理与理想的重建》，法律出版社 2007 年版。

陈瑛主编：《中国伦理思想史》，湖南教育出版社 2004 年版。

[美] 迪特里·希鲁施迈耶著，于霄译：《律师与社会》，上海三联书店 2010 年版。

[美] 戴维·鲁本著，戴锐译：《律师与正义》，中国政法大学出版社 2010 年版。

何怀宏：《底线伦理》，辽宁人民出版社 1998 年版。

沈宗灵主编：《法理学》，北京大学出版社 2001 年版。

万俊人：《现代性的伦理话语》，黑龙江人民出版社 2002 年版。

万俊人：《寻求普适伦理》，商务印书馆 2001 年版。

付子堂：《法理学初阶》，法律出版社 2006 年版。

李本森：《法律职业伦理》，北京大学出版社 2008 年版。

刘家兴、潘剑锋主编：《民事诉讼法学教程》，北京大学出版社 2010 年版。

牟钟鉴、张践著：《中国宗教通史》上卷，中国社会科学出版社 2007 年版。

王娣等编著：《民事诉讼法案例研习》，中国政法大学出版社 2013 年版。

王泽鉴：《民法思维》，北京大学出版社 2009 年版。

赵汀阳：《天下体系》，中国人民大学出版社 2011 年版。

三、论文类

泮伟江：《法律全球化的政治效应：国际关系的法律化》，《求是学刊》2014 年第 3 期。

蔡拓：《全球主义与国家主义》，《中国社会科学》2000 年第 3 期。

蔡永清：《律师职业道德建设中存在的问题及解决对策》，《法制与社会》2017 年第 2 期。

曹兴：《汉族宗教发生学研究：颛顼改革与上古创世说空白的因果联系》，《世界宗教文化》2013 年第 5 期。

曹兴：《颛顼改革与汉族创世说空白对后世的影响》，《世界宗教文化》2014 年第 5 期。

陈秋羽：《法官职业伦理研究》，《河北经贸大学学报》2017 年第 5 期。

陈帮峰：《浅谈检察官职业伦理》，《党史纵览》2016年12月15日。

陈鹏飞：《我国检察官惩戒制度研究》，《西部法学评论》2017年8月20日。

符启林：《我国法学教育的现状与改革》，《岭南学刊》2008年第3期。

高力克：《世界国家与普世文明》，《天津社会科学》2015年第6期。

江平：《中国法学教育的历史与际遇》，《法制日报》2007年11月25日。

李步云：《中国法治历史进程的回顾与展望》，《法学》2007年第9期。

李彩晶：《儒家"贵和"思想及其当代价值》，《广西社会科学》2009年第8期。

李佳卉：《"一带一路"战略视角下的亚投行分析》，《辽宁大学》2016年第5期。

李昌盛：《司法职业伦理教育的限度》，《人民法院报》2014年11月21日。

廖志雄：《律师职业伦理：冲突与选择、道德权利及其法律化》，《西部法学评论》2013年第2期。

李连华、颜吾佴：《浅论法律全球化》，《理论月刊》2003年第12期。

李德顺：《普遍伦理及其客观基础》，《求索》1998年第5期。

李东燕：《全球政治与全球问题研究的兴起》，《教学与研究》2001年第9期。

李德顺：《普遍价值及其客观基础》，《中国社会科学》1998 年第 6 期。

李斌：《保护的责任对不干涉内政原则的影响》，《西北政法大学学报》2007 年第 3 期。

李伯军：《不干涉内政原则研究：国际法与国际关系分析》，武汉大学 2005 年博士学位论文。

李颖超：《从国家伦理角度反思全球变暖及其应对措施》，《陕西行政管理学院》2014 年 2 月第 28 卷第 1 期。

栾少湖、王中：《关于"法官眼中的律师"与"律师眼中的法官"的调研报告》，《中国司法》2006 年第 12 期。

罗志田：《胡适世界主义思想中的民族主义关怀》，《近代史研究》1996 年第 1 期。

刘杰：《检察官客观公正义务研究》，《四川师范大学学报》2017 年 5 月 26 日。

刘欣：《论我国法官职业伦理之德性建构》，《江汉大学学报》2019 年第 7 期。

慕亚平：《对"法律全球化"的理论剖析》，《广东大学学报》2002 年第 3 期。

漆玲、赵欣：《建立全球伦理的可能性》，《道德与文明》2000 年第 6 期。

戚桂芳、袁雪：《中国法学教育的历史、现状及发展趋势》，《经济研究导刊》2009 年第 21 期。

曲红梅、高伟茹：《康德世界公民思想的四个焦点问题》，《吉林大学社会科学学报》2012 年第 1 期。

曲红梅：《儒家的世界主义与斯多葛学派的世界公民主义》，

《吉林大学社会科学学报》2014年第3期。

曲红梅：《古代世界公民主义与现代世界公民主义》，《哲学研究》2014年第1期。

曲相霏：《人·公民·世界公民：人权主体的流变与人权的制度保障》，《政法论坛：中国政法大学学报》2008年第4期。

曲星：《人类命运共同体的价值观基础》，《求是》2013年第2期。

任东来：《从负责人的公民到负责人的全球公民》，《美国研究》2003年第3期。

单纯：《略论中国人的"天下民族主义"》，《世界民族》2001年第2期。

宋歌：《当前国内关于"法律全球化"问题研究述评》，《社会科学》2004年第3期。

孙美堂：《超越全球伦理的两难》，《中共济南市委党校学报》2002年第1期。

汤剑波、陈建东：《全球伦理与国际新秩序的建立》，《国际关系学院学报》2000第3期。

饶世权、林伯海：《习近平的人类命运共同体思想及其时代价值》，《学校党建与思想教育》2016年第4期。

任丹红、王国梁：《我国高等法学教育的培养目标及法学教育改革》，《江南大学学报》2007年第2期。

申卫星：《时代发展呼唤"临床法学"——兼谈中国法学教育的三大转变》，《比较法研究》2008年第3期。

沈宗灵：《评"法律全球化"理论》，《人民日报》1999年12月16日。

宋歌：《当前国内关于"法律全球化"问题研究述评》，《社会科学》2004年第3期。

宋阔：《论法官职业伦理》，《法治博览》2016年4月25日。

苏江丽：《我国现行法学教育的反思与改革设想》，《内蒙古电大学刊》2010年第3期。

孙聚友：《儒家大同思想与人类命运共同体建设》，《东岳论坛》2016年第11期。

孙伊然：《亚投行、"一带一路"与中国的国际秩序观》，《外交评论》2016年第1期。

田文利、聂振华：《论国家伦理是警察伦理存在的正当性基础》，《中国人民公安大学学报》2008年第4期。

田文利、李颖超：《全球变暖中的国家伦理》2011年第2期。

田文利、李颖超、王鑫：《国家伦理的概念、分类及其意义研究》，《陕西行政学院学报》2011年第4期。

陶涛：《全球治理中的非政府组织》，《当代世界》2007年第4期。

万俊人：《普适伦理及其方法问题》，《哲学研究》1998年第10期。

王达：《亚投行的中国考量与世界意义》，《东北亚论坛》2015年第4期。

王济东：《试述律师在保障司法公正方面的作用》，《广西民族学院学报》2005年第4期。

王泽鉴：《德国民法的继受与台湾民法的发展》，《中国人民大学复印报刊资料：民商法学》2007年第4期。

魏义霞：《大同之梦：康有为与谭嗣同的社会构想及其局限》，

《江西社会科学》2016年第9期。

吴汶燕：《全球法律》，蔡拓等著：《全球学导论》，北京大学出版社2015年版。

张军英：《律师道德伦理与社会正义》，《河北学刊》2013年第5期。

张林波、李霞：《律师执业基本伦理冲突与角色定位》，《和田师范专科学校学报》2006年第26卷第5期。

闫博慧：《律师执业伦理的价值取向》，《福建论坛（人文社会科学版）》2011年第7期。

杨庆：《法学教育的发展历程及其发展趋势的探索》，《法治与社会》2009年第10期。

姚树洁：《亚投行：中国撼动世界地缘政治的里程碑》，《人民论坛》2015年第4期。

姚天冲、毛牧然：《"法律全球化"理论刍议》，《东北大学学报》2001年第1期。

于晓鑫：《我国律师职业道德规制》，《法制与社会》2017年第61期。

于向东、施展：《全球贸易双循环结构与世界秩序》，《文化纵横》2013年第5期。

袁雪、赵融、孙桂英：《我国法学教育体系的创新和重构》，《法治与社会》2008年第10期。

张阳：《论我国法学教育的不足及完善构想》，《云南大学学报（法学版）》2011年第1期。

朱立恒：《新中国成立以来法学教育工作的历史沿革》，《中共党史研究》2008年第3期。

朱景文：《欧盟法对法律全球化的意义》，《法学》2001年第12期。

邹健、胡丽君：《法律全球化与入世变法》，《社会学家》2003年第11期。

张博颖：《"市民社会"视域中的公民道德建设》，《道德与文明》2004年第2期。

赵洲：《履行保护责任：规范实施与观念塑造》，《重庆大学学报》2011年第17卷第4期。

庄国土：《亨庭顿的族群的文化观及其对国际关系的解读》，《世界民族》2004年第2期。

翟振明：《为何全球伦理不是普遍伦理》，《世界哲学》2003年第3期。

赵汀阳：《我们和你们》，《哲学研究》2000年第2期。

赵洲：《履行保护责任：规范实施与观念塑造》，《重庆大学学报》2011年第17卷第4期。

赵晨：《"干涉的义务"与利比亚危机》，《欧洲研究》2011年第3期。

邹健、胡丽君：《法律全球化与入世变法》，《社会学家》2003年第11期。

后　记

多研究，缓称学

　　一门新学科远比新学问的产生要晚得多。学科固然是学问，但学问并不限于学科。学科是位阶很高的学问，或者说学问研究达到很高的程度时才会诞生学科，才会把学问提升到学科的地步。广义的研究和探索都在学问的范畴，哪怕是对新现象提出一些思考和问题，也属于学问的范畴。学问，学问，因问而学，学则须问，有值得提问的价值，有学问才有了价值，这些都属于学问的范畴。而学科则不然，它需要具体的研究对象，具有特殊的理论意义，确定学科的性质，开发出该学科特有的范畴或概念，并形成逻辑严谨的学科体系等等诸多要求，都是很严格的。而学问则不然，有问有学，一问一学，皆为学问。因此，本书"案例研习学"中的"学"显然是"学问"的含义，而不是"学科"的含义。

　　笔者的初衷不是为了创学，而是为了提出问题，因此就有了导论所说的："案例研习"与"案例研习学"有本质的不同。前者是一种活动，后者是一门学问和学科。迄今为止，世上还没有任何一本以《案例研习学》为书名的书问世，这似乎是本书的创新。但是，本书并不是以创建一门新学科为使命，而是对中国法学界"案例研习"研究及其实践进行某种总结。如果是为了创建一门新的学问，最初的研究也只能是个初步的探索，那么就应该注明《案例研习学导论》的字样。很显然，本书的规格和档次要低于《案例研习学导论》，因此只能命名为《案例研习学研究与实践》，这是对本书的特别解释。笔者也以提出问题的方式，指向构建"案例研习学科"的企及，期望能为构建"案例研习学科"做出微薄努力，本书不过起到一个抛砖引玉的作用罢了。

本书最后一章属于间接性、附录性的成果。一则融进了习近平总书记新时代的内涵，提升了本书的时代高度；二则附加了笔者的三篇论文，故在此特别说明。

本书分工：姜丽萍执笔第三章至第七章、导论和后记，并负责全书的统稿工作。曹兴执笔第一章、第二章、第八章、第九章，负责导论和后记的润色工作。

2019 年 9 月 1 日

图书在版编目（CIP）数据

案例研习学研究与实践/姜丽萍，曹兴著.—北京：时事出版社，2019.11
ISBN 978-7-5195-0347-5

Ⅰ.①案… Ⅱ.①姜… ②曹… Ⅲ.①法律—专业—教学研究 Ⅳ.①D9-4

中国版本图书馆 CIP 数据核字（2019）第 229020 号

出 版 发 行：时事出版社
地　　　　址：北京市海淀区万寿寺甲 2 号
邮　　　　编：100081
发 行 热 线：(010) 88547590　88547591
读者服务部：(010) 88547595
传　　　　真：(010) 88547592
电 子 邮 箱：shishichubanshe@sina.com
网　　　　址：www.shishishe.com
印　　　　刷：北京旺都印务有限公司

开本：787×1092　1/16　印张：15　字数：180 千字
2019 年 11 月第 1 版　2019 年 11 月第 1 次印刷
定价：88.00 元

（如有印装质量问题，请与本社发行部联系调换）